U0535759

蛤蟆的油

〔日〕黑泽明 著

李正伦 译

AKIRA
KUROSAWA

南海出版公司

新经典文化股份有限公司
www.readinglife.com
出 品

日本民间流传着这样一个故事：在深山里，有一种特别的蛤蟆，它和同类相比不仅外表更丑，而且还多长了几条腿。人们抓到它后，将其放在镜前或玻璃箱内，蛤蟆一看到自己丑陋不堪的真面目，不禁吓出一身油。这种油，也是民间用来治疗烧伤烫伤的珍贵药材。晚年回首往事，黑泽明自喻是站在镜前的蛤蟆，发现自己从前的种种不堪，吓出一身油……

写在前面

日子过得真快,到这月的二十三日①,我就六十八岁了。

回顾过去的年月,理所当然会想起许许多多的事情。以前许多人跟我说,你是不是该写写自传?然而我始终没有郑重其事地写这种东西的心情。因为总体说来,我并不觉得自己的事多么有趣,值得把它写出来。

再者,如果写,那就全都是谈电影的事。因为减去电影,我的人生大概就成了零。

不过,这回是有人提出要求,希望我写写自己。实在是盛情难却,我便答应下来了。这似乎也和我读了让·雷诺阿的自传,受了影响有关。

让·雷诺阿,我曾经见过。他请我吃过晚饭,和我谈了

---

① 指1978年3月23日。

许多话题，但当时的印象中，觉得这个人没有写自传的意思。然而他终于写了，这给了我启发。

让·雷诺阿的自传里有一段话：

> 不少人劝我写自传……这些人已经不满足于一个艺术家仅仅借助摄影机和麦克风表现自己了，他们希望知道这个艺术家是个什么样的人。

他还说：

> 我们这么自鸣得意的个性，实际上是由种种复杂的因素形成的。比如上幼儿园的时候在那里遇到的小朋友，第一次读的小说的主人公，有时甚至从表兄欧仁饲养的猎犬那里得到启发。我们并不是光凭自己就能生活得很充实……我从自己的记忆之中，找出了许许多多使我得以有今日的力量，以及与这种力量有关的人和发生的事。
>
> （美铃书房《让·雷诺阿自传》）

这段文字，加上同他见面时留给我的强烈印象——我也想像他那样老去——激起了我写自传的愿望。

还有一位也是我曾敬仰的人，那就是约翰·福特。

我常常为他没有一部自传而感到遗憾，这种心情很大程度上也使我动了写自传的念头。

当然，和这两位老前辈比起来，我还是个雏儿。但是，既然有不少人想知道我是个什么样的人，那么，写写这方面的东西也是该尽的义务了。

我没有把握使读者读起我的东西来一定感到有趣，但是，我常常对后生们讲"不要怕丢丑"，而且时时把这句话讲给自己听。于是，我就动笔了。为了写这本书，我找来很多老朋友，与他们促膝长谈，以唤起往昔的记忆。这些人有：

植草圭之助，小说家、剧作家，我小学时代的朋友。

本多猪四郎，电影导演，我任副导演时期的朋友。

村木与四郎，美工导演，我的摄制组里的人。

矢野口文雄，录音师，和我一同进 P·C·L 电影制片厂的同事。该公司后来发展为东宝电影公司。

佐藤胜，音乐导演，现已辞世的早坂文雄的弟子，摄制组里的人。

藤田进，演员，我的处女作《姿三四郎》的主角。

加山雄三，演员，经我严格训练的演员代表。

川喜多可诗子，东宝东和电影公司副社长，我在国外时承她多方面关照。我在国外的情况她了如指掌。

奥迪·博克，美国人，日本电影研究专家。关于我在电影方面的情况,他比我自己还清楚。

桥本忍,制片人、编剧,《罗生门》《七武士》《生之欲》等剧本的合作执笔者。

井手雅人,编剧。最近,我的电影剧本主要由他同我合作完成。此外,他也是我的将棋和高尔夫球的对手。

松江阳一,制片人,东京大学毕业,罗马电影学院的高才生。他的行动非常神秘,而且千奇百怪。我在国外生活期间,总是和这位弗兰肯斯坦式的男人在一起。

野上照代,摄制组里的人,是我的左膀右臂。我写这本书的时候,她也是自始至终不辞辛劳给予我关怀。

借本书的出版,谨对上述诸位为此书所付的辛劳聊表谢意。

目　录
CONTENTS

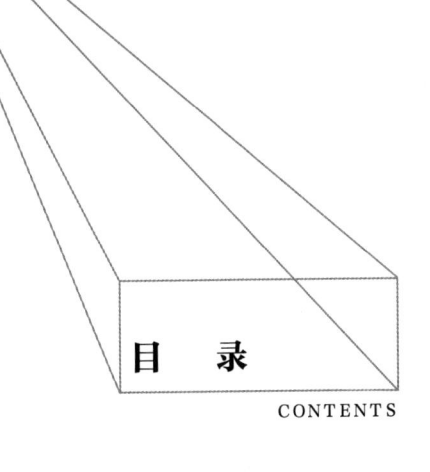

第一章　酥糖与剑道

荡漾在洗澡盆 / 2

"活动写真" / 6

地狱 / 11

"酥糖"遇到天使 / 15

江户川上 / 24

灿烂花开向阳处 / 27

旋风 / 31

剑道 / 36

毒刺与诋毁 / 44

枫桥夜泊 / 47

紫式部与清少纳言 / 50

第二章 大正的声音

明治的影子 / 58

大正的声音 / 61

神乐坂 / 64

武者 / 69

遗痛一刻 / 73

巅峰只欠一跳 / 77

长长的红砖墙 / 82

生死之间 / 85

黑 / 89

可怕的远足 / 93

第三章 迷路

师之大者 / 98

叛逆 / 102

遥远的乡村 / 108

山野武士 / 113

乡间九十 / 119

苗 / 122

迷路 / 124

和战争无关 / 132

懦弱与渺小 / 135

旧日小街 / 141

死 / 148

底片与正片 / 153

第四章 危险的拐角

危险的拐角 / 156

山顶 / 160

P·C·L / 166

山崩 / 170

高山仰止 / 182

病与酒 / 195

好人无寿 / 202

苦战 / 209

我将登山 / 217

第五章 预备——拍！

预备——拍！/ 222

武魂 / 226

苦尽甘来 / 236

冷镜头 / 241

何处是归程 / 245

跨过太平洋 / 250

只有一个日本 / 258

第六章 到《罗生门》为止

苏醒 / 264

情不自禁地鼓掌 / 268

人非强者 / 277

人非弱者 / 283

失落的哀愁 / 290

心无边，命运无边 / 297

鲑鱼的牢骚 / 302

生命总有余味 / 305

善 / 314

罗生门 / 319

黑泽明导演作品 / 333

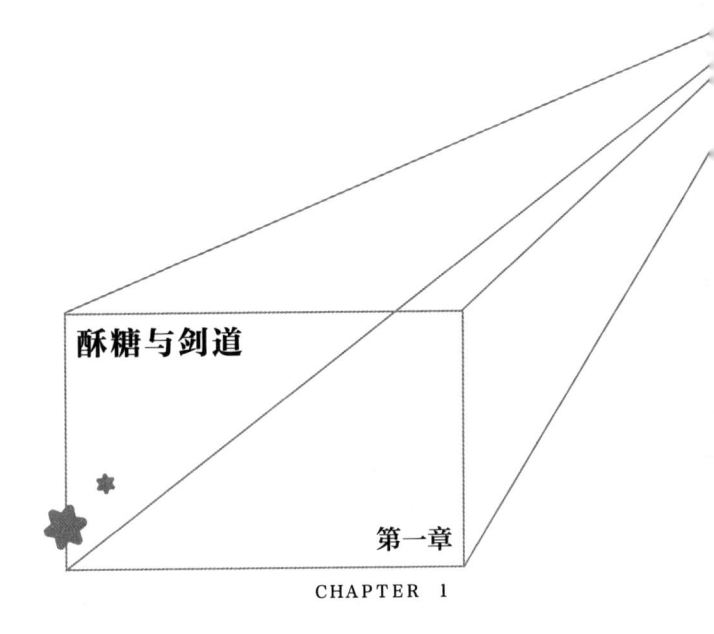

酥糖与剑道

第一章
CHAPTER 1

荡漾在洗澡盆

我光着身子坐在洗脸盆里。

屋里光线昏暗,我坐在洗脸盆里洗澡,两手抓着盆沿摇撼。

洗脸盆放在从两边朝中间倾斜的洗澡间的地板正中间,被我摇得直晃荡,洗澡水噼啪作响。

我这么干,大概感到很有趣吧。

我拼命地摇着洗脸盆。结果,一下子就把盆摇翻了。

直到今天,我还记得刹那之间那莫名其妙和意料不到的冲击感,光着身子倒在地板上的滑腻感,以及跌倒时仰头望到屋顶上吊着的一个很亮很亮的东西。

从记事时起,我就常常回想起这件事,不过这也算不了什么大事,所以长大之后我一直没跟任何人说。

我想,大概是二十岁之后吧,我问起母亲,为什么这桩事我记得这么清楚。

母亲仿佛吃了一惊似的盯着我,然后说,那是我一岁的时候,为了给祖父做法事而回秋田老家时发生的。

她说,我记忆中那间有木地板的昏暗屋子,就是老家的厨房兼洗澡间。母亲想把我放进洗澡桶,她自己要到隔壁的房间里去脱衣服,于是只好先把脱光衣服的我放进盛好热水的洗脸盆里。她正脱衣服的时候,忽然听到我"哇"的一声,急忙跑进洗澡间一看,原来盆翻了,我正仰面朝天大哭呢。

母亲说,头顶非常亮的东西,是当时吊在洗澡间的煤油灯。问起这件事的时候,我已经身高一米八,体重六十公斤。忽然问起这事,母亲感到非常奇怪,注视我良久。

一岁时在洗脸盆里洗澡这件事,是我最初的记忆。当然,在这之前的事是不可能记得的。不过,我那已经去世的大姐曾经说我:"你一生下来就是个莫名其妙的家伙!"

她说,我出生时没有哭,不声不响的,两只手攥得很紧,好久也不张开。"好不容易给你掰开一看,两只小手已经攥紫了。"

这大概是她瞎编的,一定是为了跟我这最小的弟弟开玩笑。

如果我真是生下来就把手攥得那么紧,现在应该已成了大财主,坐着劳斯莱斯高级轿车到处转悠了。说点题外话，就是这位拿这些话开我玩笑的大姐，听说她去世前不久在电视里看到 Los Primos 乐队的黑泽明①，以为那是我，便说："小明真是精力充沛呀。"尽管外甥与外甥女说那不是他们的舅舅，可她却坚持自己没有看错，因为我小的时候姐姐们常常让我唱歌给她们听。如此说来，我应该感谢 Los Primos 乐队的黑泽明，是他替我唱歌，献给了我那晚年的姐姐。

可是一岁以后，也就是幼儿时代的事，现在想起来，就像几段焦点模糊的很短的影片一样，很不清晰了。而且，那都是伏在奶妈背上看到的一些事。

其一是，我曾隔着铁丝网看到一群穿白衣服的人挥着一根大木棍打球。有人跑着去接飞得老高的球，有人跌跌撞撞地追球，有人抢球，抢到手后又扔了出去。

后来我才知道，当时父亲在体育学校任职，我们就住在学校棒球场的铁丝网后面。这就是说，我从小就看过打棒球。应该说我对棒球的喜爱有很深的渊源。

另一件记得很清楚的事，是离我家很远的某个地方在着火。那也是伏在奶妈背上看到的。

失火的地方和我家之间隔着一段黑黑的海面。我家在大森的海岸附近，能远远地看到那着火的地方，大概是羽

---

①Los Primos 乐队是活跃在 20 世纪 60 年代到 90 年代的日本乐队，主要成员之一也叫黑泽明。

田一带。看到那远处的大火,我吓哭了。

直到现在,我看到失火还很不是滋味。特别是看到夜空被烤得通红的颜色,心里就会发颤。

幼儿时代的再一个记忆,是奶妈常常背着我去一个黑黑的小屋子。

那到底是什么地方呢?长大之后我常常想起这个问题。

结果,有一天我就像福尔摩斯那样解开了这个谜:原来她是背着我上厕所。

这奶妈简直太不懂礼貌了!

不过,很多年以后,奶妈来看我,她仰着脸望着身高一米八、体重七十公斤的我,说了声:"孩子,你长这么大了!"当她抱着我的双膝高兴得抽泣的时候,我没有一丝责备她不礼貌的心情。对于这位忽然出现在眼前的老太太,我很感动,却又一时毫无印象,茫然地低头看着她。

"活动写真"

不知道什么原因，从我学会走路到进幼儿园这一段，记忆就不像幼儿时期那么鲜明了。

唯有一个场面记得最清楚，而且色彩浓烈，就是电车通过道口的时候。

电车即将通过，拦路杆已经放下，父亲、母亲、哥哥及姐姐在铁轨对面，我一个人在铁轨的这一面。

我家那条白狗在父亲他们和我之间来回地跑，就在它朝我跑来的时候，电车从我眼前倏地一下开了过去。结果，我眼前出现了被轧成两段的白狗。它就像直接切成段的金枪鱼一样，圆溜溜的，鲜血直淌。这种强烈的刺激顿时使我失去了知觉，大概抽风晕过去了。

后来，我隐约记得，因为发生了这桩事，有人给我送来又带走过好几条白狗。它们有的装在笼子里，有的被抱来，有的是拴着颈圈被牵来的。

大概是因为我那条白狗死了,父母亲给我找来的全是与它极其相似的白狗。据姐姐说,我一点事也不懂,一看见白狗就像发了疯一般,大哭大闹地说:"不要!不要!"

如果给我找来的不是白狗而是黑狗,是不是就不会这样?

是不是因为找来的仍是白狗,使我想起了那可怕的情景?

总而言之,从这件事之后,足有三十多年,我不能吃红色的生鱼片和寿司。看来,记忆的鲜明程度是和受冲击的强度成正比的。

还有一件事记得很清楚,就是我最小的哥哥头上缠着满是鲜血的绷带被许多人抬回家来的场面。

我那最小的哥哥比我大四岁,大概是在他读小学一二年级的时候,有次他在体操学校走平衡木,突然一阵大风使他跌了下来,听说险些送了命。

我还清楚地记得,那时,我那最小的姐姐看到满头鲜血的哥哥,哭着说:"我愿意替他死。"

我想,有我家血统的人,都是那么感性有余而理性不足,多愁善感、处世厚道、一腔热血的滥好人居多。

后来,我进了品川区的森村小学附属幼儿园,但在这里发生过什么事,我几乎毫无记忆。

只是比较清楚地记得,老师让大家在小菜园里种菜,我种了花生。为什么要种花生呢?因为那时候我非常喜欢吃花生，但肠胃弱，大人只准我吃一点，多了不给。我想自己种了就可以多吃，但印象里没有种出多少。

我想，大概就是在这个时期，我第一次看到了电影。那时，电影叫"活动写真"。

从大森的家走到立会川车站，搭乘开往品川的电车，在青物横丁站下车，不远处就有家电影院。二楼有个铺地毯的包厢，我们全家在那里看电影。

幼儿园时期看了什么影片，小学时看了什么影片，这些就记不清楚了。

记得清楚的是，有一出闹剧非常有趣。名字大概是叫"怪盗吉格玛"，有个场面是一个越狱的家伙攀登高层建筑物，一直爬到屋顶，然后从屋顶上跳进了黑黑的河里。

还有一部电影中有这样一个场面：船上有一对相恋的年轻男女，在船只即将沉没的时候，男青年刚要爬上早已挤满了人的汽艇，可是他看到那姑娘势必上不来，便决心自己留下，让那姑娘上了汽艇，并挥手向她告别。现在想来，这部影片大概是《爱的教育》。

还有一次，因为电影院不上映喜剧片，我竟然为此撒娇，大哭一场。还记得姐姐吓唬我说："你这家伙太不懂事了，警察要把你带走。"我果然害怕起来。

不过，我认为此时我和电影的初次接触，和我后来入电影界没有任何联系。

那时我看着那会动的画面，或者笑，或者恐惧，有时看到伤心之处就抹眼泪。它给我那平凡的日常生活带来了变化，使我舒畅、刺激和兴奋，使我毫无保留地接受了它。

回想起来，军人出身、对子女一向严格要求的父亲，在那认为看电影会对子女教育产生不良影响的时代中，主动携全家去看电影，而且此后，他认为看电影对子女教育有益的态度也没有改变，为我后来的人生，似乎是指明了方向。

除此之外，还有一件事情我想在这里提一提，就是父亲对体育的看法。

父亲退伍之后，就到体育学校去工作了。他对体育一直坚持积极鼓励的态度，除了大力发展传统的柔道、剑术之外，还把各种各样的体育器械置办得齐全完备，修建了日本第一座游泳池，并大力推广棒球。

他这种态度，我完全继承了下来。我既喜欢体育锻炼，又喜欢看体育比赛，而且始终认为体育是一种真正的锻炼。这肯定是受了父亲的影响。

我小时候身体非常虚弱，所以父亲常常唠叨说："婴儿时期，为了你将来长得结结实实，还特意请横纲[①]梅谷抱过你，可是……"

[①] 日本相扑运动员的最高级称号。

提起相扑，我记得父亲在从前国技馆的相扑台上发表过演说。当时我坐在看台上看着他，但是不记得我那时几岁，只记得还坐在母亲膝上，由此看来，一定还很小吧。

地　狱

那是我当电影导演以后的事了。

我在日本剧场观看稻垣浩先生描写弱智儿童的影片《被遗忘的孩子们》。其中有这么一个镜头，场景是学校的教室，孩子们都在听课，可是只有一个学生，课桌远离大家的行列，单独坐在一旁自顾自地玩。

我看着看着就产生了莫名的忧郁，同时不由得心慌意乱，再也坐不下去了。

我好像在哪里见过那孩子。

他是谁呢？

我突然想起来：

那是我呀！

想到这儿，我立刻站起来去了走廊，坐到那里的沙发上。我想这可能是脑供血不足的征兆，便躺了下来。剧场的女员工颇为担心地走到我跟前，问："您怎么啦？"

"啊，没什么。"我回答了一句便想坐起身，但一阵恶心，简直要吐出来。

结果，她叫了辆车把我送回家。

那么，那时候我为什么情绪不好呢？原因是一看《被遗忘的孩子们》，我就想起了那些不愿回忆的、令人不快的事。

我在森村小学上一年级时，觉得学校这种地方对我来说纯粹是监狱。在教室里，我只感到痛苦和难受，一动不动地坐在椅子上，一直透过玻璃窗注视着陪我来上学的家人，看着他在走廊上来回踱步。

回想过去，我还没到弱智儿童那种程度，但智力发育很晚却是无可否认的。老师说的东西我根本不懂，只好自己玩自己的，结果老师把我的桌椅挪到远离大家的地方，把我当作需要特殊对待的学生看待。

上课的老师常常望着我这边，说："这个，黑泽同学大概不懂吧？"或者是："这对黑泽同学来说是很难回答的啦。"

每当此时，我看到别的孩子都望着我嘿嘿窃笑，心里便非常难受。然而更伤心的是正如老师所说，我的确不懂老师讲的究竟是什么。

早晨的朝会上，老师一喊立正口令，一会儿工夫我准扑通一声跌倒。好像是一听到喊立正我就紧张，以致晕倒。

我就这样被抬到医务室去，放在病床上，然后护士走来俯身瞧着我。

我记得有这么一件事——

下雨天，我们在室内做抛球游戏。球朝我飞来，可是我却接不住。大概同学们觉得很有趣，所以拼命地拿球砸我，常常砸得我很疼，让人心里不痛快。于是，我把砸到身上的球拾起来，扔到室外雨地里。

"干什么！"老师大声怒斥我。

现在我当然懂得老师发火的原因，可那时还不明白。我把砸得自己心烦的球拾起来扔出去，这有什么不对？

就这样，在小学一年级到二年级这段时期，我简直就像在地狱受罪一般。

现在看来，只按老规矩行事，把智力发展较迟的孩子送进学校，简直是罪恶行径。

因为孩子们的智力发展参差不齐，有五岁时就像七岁那么聪明的孩子，便有虽然七岁却只有五岁智力水平的孩子。智力的发展有快有慢，一年有一年的水平，那种僵死的规定完全是错误的。

写到这里我很激动，因为我七岁的时候就是那么呆头呆脑。学校生活使我深感痛苦，所以为了这样的孩子，我不由得把这段生活写了下来。

据我的记忆，仿佛忽然刮来一阵风一般，吹散了让我的脑子处于迷茫状态的雾。我的智力清醒过来,是在我家搬到小石川,我转校上了黑田小学三年级的时候。

我记得,从此以后,我就像泛焦①那样,和从前截然不同了。

---

① 摄影技术专用名词,即画面一定范围内景物全部清晰。

"酥糖"遇到天使

我可能是在二年级的第二学期转到黑田小学的。

到这个学校之后我大吃一惊,因为这里和森村小学截然不同。

森村小学的建筑物是外表涂着白漆的洋房,而这里却像明治时代①的兵营,木结构的房舍显得十分粗陋。

森村小学的学生都穿精心设计的翻领制服,这里的学生却穿和服,下着长裤。

森村的学生的书包是背在背上的皮书包,这里的学生却是用手提的帆布提包。

森村小学的学生都穿皮鞋,而这里的学生却穿木屐。

脸型也根本不一样。不一样是理所当然的。森村小学

---

① 即1868年10月23日至1912年7月30日。

的学生都留发,这里却全得推光头。不过,就气质不同这一点而言,黑田小学的学生们可能比我更感到惊诧。

因为,在纯粹的日式传统风俗集体中,忽然跑进来一个西瓜头,身穿背带短裤和背部装饰着双排扣的西装,脚上穿着红色短袜和搭襻矮帮皮鞋的人。呆头呆脑、简直就像女孩子一样面色苍白的我,立刻成了大家取笑的对象。

他们有的揪我的头发,有的从我身后捅我的皮背包,有的往我西装上抹鼻涕,把我折磨得哭过好多次。

大体说来,我小时候是个爱哭的家伙,所以到了这个学校之后立刻得了"酥糖"①这么个绰号。

"酥糖"这个绰号的由来,是因为当时有这么一首歌:

> 我家那个"酥糖"啊,
> 叫人太为难。
> 他从早直到晚,
> 两眼泪不干。

直到现在,每每想起"酥糖"这个绰号,我都不禁感到强烈的屈辱。

不过,和我一起转校到黑田的哥哥,在这个学校里成

---

① 又叫"金平糖""星星糖",是日本一种五彩的星星状糖果,现为日本传统和果子之一。

绩却出类拔萃。他神气得很，高高在上。如果没有他这种威风给我做后盾，我这块"酥糖"哭的次数一定更多呢。

一年以后，就再也没有人叫我"酥糖"了。一年之后的我，在人前再也不哭，每个人都叫我小黑，我成了了不起的人物。

一年之间有这种变化，主要原因是在这期间，我的智力很自然地突飞猛进。仿佛是为了弥补过去似的，我开始迅速成长。我不能忘记，有三种力量促进了我的成长，其中之一便来源于哥哥。

我家位于小石川的大曲附近。每天早晨我和哥哥顺着江户川岸边去黑田小学。

我上低年级，放学比哥哥早，所以总是一个人按原路回家。去时自然是同哥哥并肩而行。

那时哥哥每天都要把我骂个狗血喷头。我简直吃惊，他骂人的词儿和花样竟如此之多，什么难听的话都朝我劈头盖脸地浇来。

可有一点，他绝不大声吵嚷，只是小声地骂我，过往行人绝对听不到，只有我才能勉强听见。假如他大声骂我倒也好，我可以跟他吵，不然就哭着跑开，或者两手捂住耳朵。可他偏不这么干，就是没完没了地慢声细语地咒骂我，让我无法施展对抗他的伎俩。

尽管我想把坏心眼儿的哥哥如此欺负人的事告诉母亲和姐姐，可是快到学校的时候他一定说："你这家伙本来就懦弱无能，像个女孩子似的，是个窝囊废，一定会到妈和姐姐那儿告我的状，说我怎么欺负你啦。这个我一清二楚。你去告吧。你要敢告，我就更来劲儿！"如此等等，先把我吓唬一通，使我就范。

可是，我这位坏心眼儿的哥哥，在我下课后受到欺负时，一定会赶上前来，似乎总是站在什么地方保护着我。

他在学校里很受重视，欺负我的都是年级比他低的学生，看见哥哥一到立刻就缩回去了。这时哥哥理都不理他们，对我说："小明，来一下！"说完转身就走。

有哥哥给我撑腰，我非常高兴，紧跑几步追上前去问他："什么事？"

他只说："什么事也没有！"扔下这一句便大步走了。

类似的事情屡次发生，我这糊里糊涂的脑子不能不开始思考：上学路上哥哥对我痛斥，可在学校里又对那些欺负我的学生们表现出严肃的态度，究竟是什么用意？

这样一想，上学路上哥哥那挖苦和申斥就不再那么可憎，而是渐渐能让我认真地听下去了。

现在回想起来，从这时起，我那幼稚的头脑开始往少年过渡。

关于哥哥，我还想再写几笔。

那是我被叫作"酥糖"的时期，暑假里的一天，父亲忽然带我到位于荒川的水府流①游泳场练习。

那时哥哥已经戴着镶有三条黑杠的白帽，在练习池里游泳。他的成绩一流，可以用自由式游泳。父亲把我暂时送到一位水府流教练那里，让我在那里练习游泳，这位教练应该是父亲的朋友。

在家里我是最小的孩子，所以父亲对我有些娇宠。他认为，游泳对于总是像女孩子那样和姐姐们丢沙包、翻绳玩的我来说，就是熟能生巧的事情。

父亲让我练习游泳，说是晒得越黑越好，他会买个东西奖励我。可是我怕水，到了练习池就是不敢下水。结果，教练大为光火，连让我下到仅及肚脐那么深的水，都费了好几天工夫。

往返于家和游泳场的路上，我倒是和哥哥结伴同行。可是他一到那里就把我扔在一边，自己急急忙忙朝竖在河中间的跳水台游去，回家之前连面都见不着。我提心吊胆地过了好几天，终于能勉强夹杂在初学者之中，抓着浮在河里的大圆木，噼里啪啦接受用脚打水的训练。有一天，哥哥摇着小船来到我身旁，让我上船。我当然高兴，伸过手去等他拉我上船。

等我上船之后，哥哥就使劲朝河心摇去，等练习场上

---

① 日本古代游泳方法中的一种流派。

的小旗和挂着苇帘的小屋变得很小时,他冷不丁把我推下了水。我拼命地划水。划呀划呀,想靠近哥哥的小船。可是等我好不容易划到船前,哥哥就把船划开,如此反复几次。当水淹得我已经看不见哥哥、眼看就要沉底的时候,哥哥终于抓住我的兜裆布把我拉到船上。

出乎我的意料,我并没有喝多少水,只是吐了几口。我正在发怔,哥哥开了腔:"小明,你不是能游吗?"

从此以后,我果然不再怕水了。

我能游泳了,而且从此还喜欢上了游泳。

就在推我下水那天的回家路上,哥哥给我买了红豆刨冰,还说:"小明,听说人快要淹死的时候都会龇牙一乐呢。果然不假,你也龇牙乐了。"

我听了真生气,不过也的确有那种感觉。因为我记得沉底之前的确有莫名其妙的安适感。

另一种帮助我成长的力量,是黑田小学的班主任老师。这位老师叫立川精治。

我转校之后,过了大约两年半,立川老师全新的教育方针和校长的石头脑瓜发生了正面冲突,结果立川老师辞职了,后来被晓星小学聘请去,培养了许多有才华的学生。

关于这位立川老师,我将在以后的篇幅里描述他的事迹,这里我先写一个小插曲,写他如何对智力发育缓慢、性格乖僻的我多方庇护,使我第一次有了自信。

那是上美术课时发生的事。

从前的美术教育可以说平平常常。教育方针不过是按照常识要求同实物相似就可以了，用平平淡淡的画做范本，只要求忠实地临摹，最像范本的得最高分数。

但立川老师不干这种傻事。他告诉学生，自己随便画最喜欢的。大家拿出图画纸和彩色铅笔开始画起来。我也动手画了。

我画的什么已经不记得了，只记得非常认真，使劲地画，甚至不惜把铅笔弄断。涂上色之后还用唾液洇湿涂匀，结果手上沾了各种颜色。

立川老师把大家的画一张一张地贴在黑板上，让学生们自由发表观感，大家对我那幅画只报以哈哈大笑。然而，立川老师怒形于色地环视耻笑我的那些同学，然后把我大大夸奖了一番。夸奖的内容我不记得了。

我模模糊糊的印象中，光是手指沾上唾液涂匀颜色这一点，他就非常赞赏。但我清楚地记得，立川老师在我那画上用红墨水画了个很大的三层圆圈以示表扬。从此以后，尽管我不喜欢上学，但只要这一天有美术课，便总是迫不及待似的，急急忙忙到学校去。

得了三层红圈之后，我喜欢上了画画。我什么都画，而且越画越好。与此同时，其他课程的成绩也很快提高了。立川老师离开黑田小学的时候，我已当上班长，胸前挂着有紫色绶带的金色班长徽章。

立川老师在黑田小学时,还有一件事让我不能忘怀。

一天,大概是上手工课,老师扛着一大捆厚纸进了教室。

老师摊开那捆纸,我们看到一张平面图,上面画着许多道路。老师让大家在这纸上画房屋,喜欢什么样就画什么样的,要大家自己创造一条街。

大家都认真地画起来。每个人都有自己的好主意,不仅画了自己的家,而且还画了道路两旁的树、年代久远的老树、开着花的树篱等。

就这样,他把这个教室里孩子们的个性很巧妙地引导出来,画出了一条条漂亮的街道。

学生们围着这张平面图,眼睛无不闪着光彩,脸颊绯红,自豪地望着自己那条街。

当时的情景,恍如昨日。

在大正时代[①]初期,"老师"这称呼是"可怕的人"的代名词。这样的时代里,我能碰上崇尚自由、以鲜活的感性及创造精神从事教育的老师,应该说是无上幸运的。

促进我成长的第三种力量,是一个和我同班,但比我还爱哭的孩子。这个孩子的存在,相当于给我提供了一面镜子,使我能客观地观察自己。总而言之,这孩子跟我差

---

① 即1912年7月30日至1926年12月25日。

不多，他使我感到，我实在让人挠头。

他给我提供了自我反省的机会。这个爱哭鬼的样本名叫植草圭之助。（小圭请别生气，我们俩现在不仍然是爱哭的家伙吗？不过现在你是个浪漫主义爱哭鬼，我是个人道主义爱哭鬼而已。）

植草和我，从少年直到青年时代渊源很深，像两根扭在一起的藤一样成长起来。

其间的情况，植草的小说《虽然已是黎明——青春时代的黑泽明》里写得很详细。

不过植草有植草的视角，我有我的视角。而且，人有这种秉性：对于自己的事情，会因为主观愿望而产生认识偏差。所以，我按自己的想法写我和植草年轻时代的情况，读者把它和植草的小说对照来看，也许最接近真实。

植草是我青少年时期重要的一部分，如果植草不写我那段时期的情况，就不能写他自己，同样，我如果不写植草，也就不能下笔写我自己。

同植草的小说难免重复，我只好请读者原谅，并继续写下去。

江户川上

雨天，两个六十开外的男人打着一把雨伞，站在一条坡度很大的混凝土马路上拍照。

其中一个人回过头来，望着那面一直延伸到坡道高处的砖墙，抚摸着那黑褐色的砖。

"小圭，这儿还和从前一样啊。"

这时，那个被称作"小圭"的人也回过头来"嗯"了一声，点了点头。

"小黑，你还记得这家的孩子吗？"

"记得，咱们班里的那个胖子吧？他现在干什么呢？"

"死啦。"

两人沉默不语。只有闪光灯的光和快门的咔咔声。

拿照相机的那人对身旁的男人说："就到这里了。下面以这边做背景。"他指着砖墙的对面。

共打一把伞的两个人彼此瞧了瞧。

"拿它做背景多没意思。"

"可不是,可供回忆的影子一点也没有。"

"没想到学校的房舍一如往昔,但更没想到黑田小学已经不存在了。"

两人斜穿过坡道,进了神社。

"这里的石阶依然如故呢。"

"牌坊也是如此。"

"不过,那棵大银杏树似乎比从前小了。"

"是我们长大了嘛。"

这就是为《文艺春秋》杂志社的"旧友联欢"栏目拍摄照片时,我和植草阔别二十年之后重逢时的情景。

那是十一月十五日,七五三节[①]。冷雨敲击着银杏的金黄色落叶,神社内有两三对父母打着伞,带着他们盛装的孩子前来参拜。

可能是这种情感勾起了我们的怀旧思绪,拍完照之后,我们就搭乘《文艺春秋》杂志社的车,去了小学时代常去散步和游玩的地方。

车窗外的一切,对我来说都是陌生的。

我曾划过船、曾捕鱼为戏的江户川上,已经架起高速

---

① 日本传统节日。日本男孩3岁和5岁,女孩3岁和7岁时去神社参拜,祈愿健康成长。

公路，公路仿佛盖子似的横跨江面。江水犹如排污水的暗渠一般，显得那么阴郁。

坐在我身旁的植草，津津有味地谈起我们少年时代的情景，可是我却注视着车窗外面，一声未答。

雨滴从车窗上流下。

窗外的景色虽然变了，我却没有改变。

这时的我，真想像从前的"酥糖"那样哭一通。

灿烂花开向阳处

想写黑田小学时代的植草和我,不知什么缘故,回想起的我俩,仿佛风景画中小小的点状人物。比如,校园里随风摇曳、花萼累累的藤萝架下的我俩,去服部坂、基督坂、神乐坂的我俩,站在大榉树下面、用钉子把丑时参拜者上供用的稻草人钉在大树上的我俩,如此等等。风景和环境都能比较鲜明地回忆起来,然而我们两人,只不过是记忆中的剪影而已。

我不知道这是由于年代久远,还是由于我本人的资质,总之,要把我们两人当年的情况详详细细地回忆起来,是需要经过一番努力的。

看起来,不把广角镜头换成望远镜头是不行了。

而且,如果不把照明全部集中到对好焦点的我俩身上,并把光圈缩到最小,就不会出现鲜明的记录。

用望远镜头观察之下的植草圭之助，在黑田小学的学生中，和我一样，也是个性格与人迥异的孩子。

就说衣服吧，他穿的都是用绸缎之类的布料做的肥肥大大的衣裳，裤子也不是用小仓①的料子做的，而是软绵绵的。

就整体印象来说，我总觉得他像个梨园子弟——现在回想起来，觉得他好像一碰就倒的小小美少年式的人物。（请小圭别生气，因为直到现在还有人这么说你，足可证明我的印象没有错。）

说起一碰就倒，小学时代的植草的确常常因跌倒而大哭。

我记得，有一次因为路不好走，植草跌了一跤，一身漂亮衣服全毁了。他大哭，我把他送回了家。

还有一次是开运动会的时候，他跌到有积水的洼地里，一身雪白的运动员成了黑泥人，他抽抽搭搭地哭个没完，我好好安慰了一番他才罢休。

也许是因为同病相怜吧，爱哭的植草和爱哭的我，彼此都怀有亲近之感，热诚相待，所以我们两人总是在一起。

渐渐地，我就以哥哥对待我的态度对待植草了。

这种关系，后来被植草写进他的小说中。他是在"运动会发生的事"这一部分里写的。

---

① 日本和服面料的著名产地之一。

植草在每次运动会的赛跑项目中总是倒数第一，但有一次他突然跑了个第二，这时我一个箭步蹿了上去："好啊，好啊！加油！加油！"我边喊边跟他一起跑，一直跑到终点，大为高兴的立川老师把我们两人紧紧抱住。

那时，植草拿着记不清是彩色铅笔还是水彩颜料的奖品走到卧病的母亲跟前。他母亲高兴得热泪纵横，替植草向我连连道谢。

现在回想起来，我倒是必须向他们道谢才对。

因为懦弱的植草使我产生了应该庇护他的想法，不知不觉中，我便成了连孩子头儿也得刮目相看的人。

立川老师对我们俩这种关系，大概也是极为满意的。

有一天，他把我叫到教员室，以探询的口吻和我商量设一名副班长如何。我当时很不高兴，以为是嫌我这个班长不中用才这么做。

老师目不转睛地看着我，问道："如果由你推荐，你打算推荐谁？"

我提了一名本班成绩优秀的学生。老师听我这么一说，立刻讲了一句大大出乎我意料的话："我的意思是找一个成绩稍差的家伙当副班长。"我大吃一惊，看着立川老师。

老师笑眯眯地看着我说："让差劲的家伙当副班长，他一定会认真干。"然后就像班里同学一样称呼我，说："小黑，让植草当副班长怎么样？"

话谈到这个地步，我深深感到了老师对我们的良苦用心。

我万分激动地看着立川老师。他说："好！就这样定啦！"他站起身来拍了一下我的肩膀，又笑着跟我说："立刻告诉植草的妈妈，她一定会很高兴。"

这时，我简直觉得老师的身上出现了一轮光环。

从此以后，植草前胸佩戴上有红色缎带的银色徽章，不论是在教室还是校园，都和我形影不离。

从此以后，植草就当上推也推不倒的副班长了。

立川老师曾经说过，植草是个懦弱儿童的样本，但同时也注意到了他身上沉睡未醒的才能。

老师为了使植草尽快地开出灿烂的花，把他移栽到了副班长这个盆里，而且放在向阳之处。

不久，植草便写出了使立川老师大吃一惊、十分精彩的长篇作文。

旋 风

智力上我和哥哥相差十岁,但实际上他只比我大四岁而已。

所以,我上了小学三年级,在一种完全还是幼童的精神状态中勉强成为少年的时候,我哥哥已经上了中学。

这时,发生了一件意想不到的事。

我前面已经提过,哥哥非常优秀,小学五年级的时候,他在东京都举办的小学生统一测试中名列第三,六年级时就名列榜首了。

然而,就是这位哥哥,报考了当时的名牌中学东京府立一中,却名落孙山。

这件事,对于我父亲乃至全家来说,简直是一场噩梦。

我记得,当时家里的气氛特别反常。我感到这件事仿佛一阵旋风袭击了我们家。

父亲心境黯然。母亲惊慌失措,不知如何是好。姐姐们叽叽喳喳,尽量不去理睬哥哥。

那时,连我也为此事感到十分惋惜,而且非常气愤。直到现在我也不明白哥哥落榜的原因。他参加任何考试都得分很高,而且考完后都表现出绝对有把握的样子。我能想到的只有这么两个原因:其一是最后选拔的时候,学校优先录取名门子弟,他被挤掉了;或者是口试的时候,自负而又极富个性的哥哥言谈举止不符合标准。

但奇怪的是,当时哥哥是什么状态我丝毫不记得了。我想,他很可能把这事置之度外,采取不在乎的态度。但不能否认,这事给了他很大打击。

证据是以这件事为分界线,哥哥的性格突然变了。

此后,在父亲劝说之下,他进了位于若松町的成城中学。当时,这所中学的校风近似于陆军少年学校。可能是很反感这所中学的校风,从此他将学业完全视同儿戏,沉溺于文学,因而常常和父亲发生冲突。

父亲是陆军户山学校第一期毕业生,毕业后当了教员。他的学生后来有的当了大将。毋庸讳言,他的教育方法纯粹是斯巴达式的。

这样的父亲和崇拜外国文学的哥哥意见相左,自是理所当然的了。不过,那时的我并不理解父亲与哥哥为什么争吵,只是忧伤地站在一旁望着。

然而此时，被意外的旋风袭击后的家，又遭到一股寒流的袭击。

我有四个姐姐和三个哥哥。大姐的孩子和我同岁，我出生时大姐早已出嫁。大哥比我大好多岁，我记事的时候他已离家自立门户，很少看到他。二哥在我出生之前病死了。所以，和我生活在一起的只有本书里常常提到的这位哥哥和三位姐姐。姐姐们的名字中都有个"代"字，从业已出嫁的姐姐起，按年龄为序分别是：茂代、春代、种代、百代。

我则按年龄，称尚未出嫁的三位姐姐为：大姐姐、二姐姐、小姐姐。

前面我已提到，哥哥认为我不能成为他的伙伴，我就只能跟姐姐们一起玩。直到现在，丢沙包和翻绳还是我的拿手好戏。我还时不时把这拿手戏表演给朋友和摄制组的人看，他们无不吃惊。我想他们读了本书后，对于我那"酥糖"时代的旧闻逸事应当更加吃惊吧。

经常和我一起玩耍的是小姐姐。我清楚地记得上幼儿园的时候，我和小姐姐在父亲供职的位于大森的学校里玩耍。那地方是一块呈钩状的空地。有一天，一阵旋风刮来，把我们吹得离地而起。我们俩赶紧抱在一块儿，刹那间就掉了下来，我哭着抓住姐姐的手跑回了家。

我这个姐姐，在我上小学四年级的时候得了一场病，就像忽然被旋风刮走一般，去了另一个世界。

我不能忘记，到顺天堂医院去看她的时候，病床上的姐姐那凄凉的笑容。我也不能忘记和这位姐姐过偶人节①摆偶人时的欢悦气氛。

我家有旧的古装宫廷偶人，有三宫女、五乐工、浦岛太郎、带哈巴狗的女官等。还有两副金屏风、两盏纸罩蜡灯、五套泥金彩绘的小桌，小桌上摆着成套的泥金彩绘小碗盏，连小到能放在手掌上的银手炉也一应俱全。

我们关上电灯，在光线微弱的房间里，借着纸罩蜡灯的柔光，看那些摆在铺着猩红毯子的五层坛上的宫廷偶人，它们仿佛就要开口讲话一般，栩栩如生，美丽至极，我甚至为此有些发怵。

小姐姐招呼我坐在偶人坛前，为我放上小桌，让我在小手炉上烤手，用大拇指指甲盖那么大的酒杯喝甜酒。

小姐姐在三个姐姐中最漂亮，柔媚得过了头。她身上有种像水晶一般透明、柔弱易殒、令人哀怜的美。哥哥受重伤时，哭着说自己情愿替他死的就是她。

即使现在我提笔写到她，也不禁热泪滚滚，不胜唏嘘。

为我这个姐姐举行葬礼那天，我和全家人以及亲戚们跪坐在寺庙的正殿上听和尚诵经。当诵经声、木鱼声加上铜锣声达到高潮的时候，我忽然哈哈大笑起来。

---

① 又称"女儿节"，为祝愿女孩子健康成长而设。

尽管父母亲和姐姐们怒目而视，但这笑就是止不住。

哥哥把我带到殿外。

我明白，他领我出来为的是训斥我。然而他毫无怒气。我以为他准会把我扔在外面再回正殿去，可并非如此。他只是回头望了望诵经高潮中的正殿。

"小明，走，去那边！"他扔下这么一句，便沿着石板路朝外面走去。我紧跟在他后面。

哥哥边大步走着边冒了一句："和尚们真会折腾！"

我高兴了。

我之所以笑出声来，倒并不是嘲笑和尚们，只是觉得可笑，自己又控制不住而已。不过，我听了哥哥的话倒觉得舒畅了。同时我也在想，我纵声大笑，小姐姐也会高兴吧。

我这位姐姐只活了十六岁。

我自己都觉得奇怪，然而却记得清清楚楚，她的法号是：桃林贞光信女。

剑 道

大正时代的小学，五年级就上剑道课，而且列为主课。

一周两个小时，先用竹刀，从学习姿势开始，再练习左右交叉砍对方面具的招数。过不了多久，就戴上学校那有一股汗臭味儿的用旧了的剑道用具，进行三局两胜制的实战练习。

教课主要是由多少懂些剑道的老师负责，但有时设馆授徒的剑客也带着徒弟前来指点。成绩优秀的学生被挑选出来加以特别培训。他们有时会和那些剑客的徒弟们使用真剑表演某一流派的招数。

教我们的这位剑客名叫落合孙三郎（似乎叫又三郎，总之那名字就让人觉得很像个剑客。究竟是孙三郎还是又三郎，现在记不准了）。这人身材魁梧，是个伟丈夫型的人物。他和徒弟们表演流派程式的时候，气魄逼人，足以使我们这些学生个个心惊胆战。

那位剑客说我招式精确,常常亲自指导我练习,所以我也练得特别起劲。

有一次,我用竹刀朝剑客的上半身砍去,大喊着:"面部!"冲上去的时候,就觉得好像蹬了空,两脚噼里啪啦地乱蹬,总也够不着地。原来,落合孙三郎用一只粗壮的胳膊把我举过了肩,我大吃一惊,对这位剑客更加诚挚地尊敬了。

我很快就向父亲提出要求,请他准许我拜落合为师,到他的道场习武。

父亲很高兴。不知我这要求是激起了父亲的武士精神呢,还是唤起了父亲任陆军教官时的回忆。总之,他应允了我。这确实是一个不明智的决定。

现在想来,那时正是他寄予厚望的哥哥走下坡路的时候。很可能是由于父亲对哥哥的期待落了空,就把这种期望转到了我的身上。

从那时起,父亲对我的要求极其严格。他说:"专心致志学习剑道我非常赞成,但是也要学习书法。还有,早晨去落合道场练武结束后,回来的路上务必到八幡神社参拜。"

落合道场离我家很远。

从我家到黑田小学本来就很远,像我这么大的孩子走起来实在吃力,而且腻烦,可是从家到落合道场却有这个距离的五倍还多。

侥幸的是，父亲让我每天早晨参拜的八幡神社，就在离去落合道场那条路不太远的黑田小学旁边。

如果按照父亲的命令行事，就必须这样：去落合道场完成早晨的练习之后，参拜八幡神社，再回家吃早饭，然后走同样的路去黑田小学，放学后原路回家，再到教书法的老师家，练完书法再到立川老师家去。

那时立川老师虽不在黑田小学教书了，可是我和植草两人仍然每天必到老师家，接受立川老师尊重个性的自由教育和师母诚心诚意的款待。我们俩每天如此，而且都把这件事当作最愉快和最充实的活动。

不管有什么事，我去立川老师家的宝贵时间是决不放弃的。而这样一来，势必每天早晨天不亮就得离开家，天黑后才能回来。

参拜神社一事我本打算马虎过去，父亲却把这事看成很重要并且应该留下纪念的活动。他交给我一个小日记本，让我每天早晨请神官在上面盖上神社的印。这样一来，我就马虎不得了。

本来是难以做到的事，可自己提出要做，所以毫无办法。

从和父亲一同去落合道场拜师习武的第二天起，除了星期天和暑假，这样的体力训练一直持续到我从黑田小学毕业。

即使冬天，父亲也不许我穿袜子。因此每到冬天，手和脚就生冻疮。皲裂使我叫苦不迭。母亲心疼我，精心照顾我，每天让我用热水泡手脚。

母亲堪称典型的明治时代的妇女，同时也是典型的武者的妻子。（后来我读山本周五郎的《日本妇道记》时，其中有一个人物的事迹跟我母亲的一模一样，使我非常感动。）不过母亲总想背着父亲庇护我，对我采取放任的态度。

我写这些事，读者可能以为我在写说教式的美谈佳话而不感兴趣，但事实并非如此。写到母亲，我就会自然而然想起这些事。母亲为我做的一切，也是发自内心、自然而然的。

我认为父母都和外表相反，实际上父亲感伤情调较浓，而母亲则很现实。

战争时期父亲和母亲疏散到秋田县乡下老家，我曾到秋田看望两位老人。

那是我即将离开他们返回东京的时候。我想，或许再也见不到父母了……我从家门出来，眼前是一条笔直的道路，我一步三顾地看着送我出门的父母亲。

那时我看到，母亲很快就回去了，而父亲却久久伫立门旁，直到我走出老远。回头看到他只有影影绰绰一点点大小的时候，他仍站在那里望着我，久久不回。

战争时期有一支歌唱道："父亲啊，你很坚强。"可我愿意改成"母亲啊，你真坚强"。

母亲的坚韧，特别是在忍耐力方面，是令人吃惊的。

那是有一次母亲在厨房里炸虾时发生的事。

炸虾的油起了火。当时母亲两手端着起火的油锅，手烧到了，眼眉、头发也烧得嗞嗞地响，然而她却沉着地端着油锅穿过客厅，穿好木屐，把油锅拿到院子里，放在院子中央。后来医生匆匆忙忙赶来，用镊子把她那烧得黑黑的皮肤剥下来，再涂上药。

那是令人不忍卒睹的场面，然而母亲的表情丝毫未变。

此后将近一个月，她双手缠着绷带，仿佛抱着什么东西似的放在胸前，却没喊过一声疼，没说过一声难受，总是平平静静地坐着。

无论怎么说，这样的事我是做不到的。

写得离题了，关于在落合道场学习剑道的情况再略加补充。

我这个每天去落合道场的人，居然完全以少年剑士自居了。

到底还是个孩子，这也合乎常情。原因大概是我读了立川文库中许多关于剑侠的故事，比如冢原卜传、荒木又右卫门以及其他剑侠等。

那时我的打扮不是森村小学派头，而是黑田小学的那种：上身穿蓝底白条的长褂，下身穿小仓布料做的裙裤，脚蹬粗齿木屐，剃和尚头。

我在落合道场习武时的形象，只要把藤田进扮演的姿三四郎的高度缩小三分之一，宽度缩小二分之一，在用带子束紧的剑道服上再插一把竹刀，就活生生地出现在眼前了。

早晨东方未明时，我就穿着木屐吧嗒吧嗒走在依然亮着路灯的江户川岸旁的大道上了。走过小樱桥就是石切桥，过了石切桥再过电车道，快到服部桥的时候，首班电车才迎面开来，驶过江户川桥。

从家走到这里，总要三十分钟左右。朝音羽方向再走十五分钟，向左拐，走过一段缓坡，再奔目白区。从这里再走二十分钟，就远远地听到落合道场晨课的鼓声了。在这鼓声催促之下，还得快步走上十五分钟，才到达路左边的落合道场。

算起来，出了家门目不斜视地走，总共要一小时二十分钟。

道场的晨课是这样开始的：首先，老师落合孙三郎和门下弟子全体面向点上灯的神龛端然跪坐，运力在脐下丹田，排除杂念。

静坐的地方是木板地，既硬又凉。冬季为了抵抗寒冷，肚子也得运足力气。脱光衣服之后只穿单薄的剑道服，冻得上牙打下牙。虽说排除杂念，其实天气如此寒冷，哪里还顾得上有什么杂念。静坐结束之后，就练习左右开弓的劈刺。寒冬腊月为了使身体尽快地暖和，天暖了又得驱赶睡魔，所以必须始终全神贯注。

这个科目练完之后，按级别分开，再练三十分钟规定程式的对砍对杀。再次跪坐，向老师行一礼，晨课就告结束。这时，即使寒冬腊月，也是浑身汗水淋漓。

不过，出了道场走向神社的时候，脚步毕竟沉重了。此刻饥肠辘辘，只想尽早回家吃饭，不能不疾步赶往神社。

若是晴天，我到达神社时，银杏树上便会洒满晨晖。

我在正殿前拉响鳄嘴铃（金属制，扁圆、中空，下方有个横而长的切口。吊着一条用布条编的大绳子，拉动这条绳子，铃便响起来），拍手致敬，礼拜完毕，就到神社内一角处的神官家里去。

我照例站在门厅处大声说："早晨好！"

我这么一喊，身着长褂和裙裤、头发全白的神官走出来，接过我递上的小日记本翻开，一声不响，在印着月份和日期的一页盖上神社的印章。

这位神官，我看他出来时嘴总是动着。大概我到达这里的时候，正赶上他吃早饭。

从神官家出来，走下神社的石阶，又得一直往回走，路过黑田小学门前，赶回家吃早饭。

来到石切桥畔，沿着江户川走，等走到离家不远的时候，才旭日初升。所以,我总是挺着胸脯沐浴在灿烂的晨光之中。

然而每当这时,我却不能不想到,普通孩子的一天是从此刻才开始的,而我……

这种念头并非出于不满,而是来自充满自我满足感的好心情。于是,从此刻起,我才开始了和普通孩子一样的一天的生活:吃过早饭去学校上课,下午回家。整个日程便是如此。

但是,自立川老师走后,我总觉得这个学校的课程不能令人满意,感到枯燥无味,甚至认为上这样的课简直是受罪。

毒刺与诋毁

我和新来的班主任老师怎么也合不来，彼此内心深处的对立一直持续到毕业。

一言蔽之，就是这位老师彻底反对立川老师的教育方针。他总是找个什么借口借题发挥，嘲笑立川老师一直行之有效的教学方法。

不论干什么事情，他总是面带冷笑，以嘲讽的口气说："要是立川老师嘛，结果就是这样啦。如果立川老师在嘛，他就一定会这么干啦……"

他每次这么讲，我都用脚踢邻桌的植草。植草总冲我一笑，算是回答。

曾发生过这样一件事。

那是上美术课的时候，老师让大家写生，画插在白色瓷瓶中装点教室的波斯菊。

我想侧重描绘那花瓶,所以用浓紫强调了它的影子。我把波斯菊轻巧的叶子画成绿色的烟团,在它上面画了盛开的粉红色和白色的花。

新任老师把我这幅画贴在黑板旁做告示板用的木板上。这个告示板专门贴学生们出色的书法、作文、绘画作品,给全体学生做示范和参考。老师说:"黑泽,站起来!"

我很高兴,以为又是夸奖我呢,颇有几分自豪地站了起来。

然而他指着那幅画,把我骂了个狗血喷头。

这花瓶的影子像什么?哪里有这么浓紫的影子?这云一般的绿色是什么?如果有人说这就是波斯菊的叶子,这人不是浑蛋就是疯子。

他的话全是诋毁。

他这么干是居心不良,满腹恶意。我感到自己面无血色,呆立当场。

这究竟是为什么?!

那天下课后,我像狠狠挨了一棒似的,一个人无精打采地往家走。正从服部坂高坡往下走时,植草追了上来。

"小黑!这家伙讲得太没道理了!简直胡说八道!我们不理他!"植草反复地说这几句话,一直陪我走到家。

我觉得这一天是我平生第一次被毒刺蜇到。

跟这样的老师学习不可能有什么乐趣。但我决心为了学业顽强奋斗下去,坚持到底,决不招惹他一句指责。

　　这天下午回家时我心烦意乱,感到这段路程比往日长了三倍。而且,这天在书法老师那里学书法,也很不愉快。

枫桥夜泊

父亲很喜欢书法,壁龛处总是挂着书法作品,很少挂画。

他挂的书法主要是中国的碑刻拓片,或者是有交情的中国人写给他的。至今我还记得,有一轴是古老的寒山寺碑刻拓片,好几处大概是由于碑石残缺而呈空白。

父亲在空白处填上字,教给我唐代张继的《枫桥夜泊》这首诗。直到现在我还能十分流利地背诵它,而且能挥毫自如地写下来。

后来我们在某家高雅的酒店举行宴会,那里的壁龛上挂着一幅这首诗的书法作品,笔意精妙,我下意识地把它读了出来。演员加山雄三听了,大吃一惊,注视着我连连说:"先生,您真了不起呀!"

拍《椿三十郎》时,有一句台词是"在厩后等候",而加山居然说成"在厕后等候"。所以他听我朗读《枫桥夜泊》

感到大吃一惊是理所当然的了。但是我也得揭开这个秘密：就因为是《枫桥夜泊》，我才能够朗读，假如是别的中国古诗词，那我可就一窍不通了。

证据是直到今天我还记得，在父亲素来喜欢的中国的诗词字画中，有一句是"剑使青龙偃月刀，书读春秋左氏传"，它的含义我却不懂。

又把话扯远了。我百思莫解：父亲既然这么喜爱书法，为什么让我跟那么一位老师学书法呢？

可能有这么两个原因：一是这位老师住在同一条街上，二是我哥哥曾跟他学过。记得父亲领我去拜师的时候，这位书法老师问起哥哥，还劝父亲让哥哥来继续学习。听说，哥哥在这里也很出色。

这位老师的字我实在不感兴趣。他的字，说好听点是端正严肃，说不好听点，就是没有任何特点，就像印刷用的活字一样。既然父亲的命令如此，我也只好每天按时前往，和别的学生并桌而坐，按老师的范本习字。

父亲和这位老师都留着明治时代流行的胡子。不同的是，父亲的胡子是元勋式的，而老师留的却是官员式的胡子。

这位老师总是坐在学生对面的桌前，以一副严谨的面孔看着我们。

我可以看到他身后的院子，院里的多层盆景架占去很大一部分空间。架上的盆景无不古干虬枝，老态龙钟。看着盆景，我觉得坐在老师面前的学生也与之酷似。

学生认为自己哪个字写得好就拿到老师跟前，恭恭敬敬地请他看。他看后就用红笔修改他认为不妥之处。

老师觉得满意的，就用他那图章——因为是隶书印章，辨认不出是什么字——往蓝印台上按按，然后盖在学生写的字旁。

大家都称它为"蓝图章"。凡是给盖了蓝图章的，就可以提前回去。

我一心一意地想早早离开这里去立川老师家，所以尽管一直不愿学他那字体，还得好好地去临摹。

但是，不喜欢毕竟学不下去。半年之后，我向父亲提出，这书法实在无法继续学下去了。加上哥哥从旁说了许多好话，我才被准许停学。

哥哥当时说的话现在记不太清楚了，我只记得他为我对那位老师的书法漠然视之的原因做了条理清晰的解释，最后得出了不再继续学下去乃是理所当然的结论。哥哥有条有理的论证使我惊呆了，我认真听着，仿佛在听他说别人的事。

虽然不上私塾了，但父亲让我继续学习楷书，规定一张纸写四个字。直到现在，这类字我还写得不错呢。比这再小的字以及草书类，就糟得不成样子。

后来我进了电影界，一位前辈曾这样说："黑泽的字啊，不是字，那是画。"

紫式部与清少纳言

我写这个自传式的东西前,曾和植草圭之助共话往昔。彼时植草说了这么一段话。

他说,在黑田小学前面的坡道——服部坂那里,我曾对他说:"你是紫式部,我是清少纳言。"

我却毫无记忆。

首先,小学生不可能读过《源氏物语》或《枕草子》。

细想起来,大概是到立川老师家学习的时期,老师谈日本古典文学时讲了不少。

即使这么说过,大概也是我从书法老师那里出来后,同在此等候我的植草一起愉快地跟立川老师学习,然后一起告辞,在从传通院去江户川的坡道上说的,而非服部坂。

无论如何,把自己同紫式部和清少纳言相比,实在是不知深浅,荒唐之至。但是冒出如此幼稚的想法,倒是可以理解的。因为当时植草爱把作文写成有故事情节的,而且相当长,我则只写短短的感想。

总而言之,那时我的朋友好像只有植草一个人。我总是和他在一起,然而我们两家的生活却截然不同。

植草家是商人家风,而我家是武者家风。各自谈起旧事,他讲的和我说的内容完全不同。

植草说的是,小时候从母亲衣襟下面看见了她那白白的腿肚,给他留下了强烈的印象;同年级的女生班班长,是学校最美的女生,住在江户川的大泷附近,叫什么什么名字,好像很喜欢小黑你,等等。可是我对这些毫无记忆。

我记得最清楚的是我的剑道大有长进,在五年级的第三个学期就升为副将。父亲为了奖励我,给我买了一副黑护胸的剑道用具。比赛的时候我用"逆胴"①一连击败了五个人。当时被我击败的对方主将是染坊的小老板,当和他两刀相击难解难分之际,我闻到一股强烈的蓝靛味儿。总之,我记得的都是自己曾经大逞威风的事。

其中最难忘的,是有一次我遭到别的小学的孩子们伏击。

从落合道场回家的路上,走到江户川桥附近的那家鱼铺门前,有七八个六年级学生,手拿竹刀、竹棍、木棍聚

---

① 日本剑道的攻击方式之一,指从对手的侧面或背后进行打击。

集在一起。

孩子们有孩子们的地盘，那一带不是黑田小学的势力范围。他们瞪眼瞧着我，看样子不怀好意，我不由得停下了脚步。但是，以少年剑士自居的我，决不允许自己被这个阵势吓倒。我大摇大摆地从鱼铺门前走过去。背后那些孩子居然没敢动手，我心里一块石头落了地。

紧接着，一个东西朝我头上飞来，我正要用手去挡，那东西啪的一下砸到我的脑袋上。我回头一看，石子如雨点般飞来。

他们一声不吭地用石子砸我。这样不声不响暗地下手，看来决心很大。

我想逃跑，可是竹刀不答应。因此，我取下扛着的竹刀，拉开架势瞧着他们。然而，竹刀尖上系着的剑道服却使我没法应战。

他们看到我这副样子，都吵吵嚷嚷地挥舞着手里的家伙冲了上来。

我拼命地挥了一下竹刀。剑道服被抖掉，竹刀轻了。他们又喊又叫，却没有闷不作声时的气势了。

竹刀上没有东西就轻便自如了。我就跟练习时一样，用竹刀猛砍他们，并大声喊着我要砍的地方："你的脸！前胸！手！"

他们没对我采取包抄的办法，只是七八个人扎成一堆，各自拿着家什从正面进攻，所以占不了便宜。

这些人虽用手里的家什挡住了我的竹刀，但也只是蹿上来又退回去。我很容易打着他们的脸、前胸和手。我还记得"刺"这一招太危险所以没有使出来。总之，我学到的武功对付他们还是绰绰有余的。

不一会儿，他们纷纷往鱼铺跑去。我刚要追过去，鱼铺掌柜拿着扁担冲了出来。这时，我把大打出手时脱下的粗齿木屐捡起来，就一溜烟逃跑了。

记得很清楚，我穿过一条很窄的胡同，为了避开胡同里泛起臭味的阴沟和那业已腐朽的阴沟板，我只好左拐右拐地跳跃着跑。

跑出这条胡同，我才把木屐穿上。剑道服下落何处就无从得知了，很可能成了那帮拦路寻衅的家伙的战利品。

我没心思跟别人说这件事。因为丢了剑道服，不得不求母亲想办法，只好告诉她。

母亲听后一声不响，就从壁橱里拿出哥哥不用的那套给了我，而且把我头部被石头砸伤之处洗干净，搽上药。

除头部外，没伤到别的地方。

直到今天，我头上还有块伤疤。

写到丢失剑道服和有关粗齿木屐的事，我忽然想起，我曾下意识地把这一段记忆用在我的处女作《姿三四郎》中处理粗齿木屐的情节上。由此可见，这就是一个创造来源于记忆的很好的例子。

遭到这次拦路袭击之后，我就稍稍变更了去落合道场的路线，从此再也没有路过那家鱼铺。当然，我并不是怕那帮孩子，而是没有心思和那位耍扁担的鱼铺掌柜交手。

这件事我记得曾对植草说过，现在他却说记不得了。

我说，因为你是个只记得女人的色鬼。他说并非如此，像在学校上完剑道课之后，只有我们俩仍然留在室内操场上，在那里兜着圈子厮杀得难解难分的事，就记得清清楚楚。

我问他为什么这事记得清楚，他说让你打疼了。我说："不错，在剑道这门课程上，你从来没有胜过我一次。"他却说有一次我曾败在他手下。

我问他什么时候，他说那是我进了京华中学、他上了京华商业学校之后两校比赛的时候。我说那次我没参加，他却固执地认为："你不参加就算我胜了，胜利就是胜利。"

总而言之，这位风流小生自不量力，实在拿他没办法。

上小学六年级时，我们在久世山和其他学校的学生打了起来。

对方在一个高岗上摆开阵势，拿石头和土块猛砸我们。我们只好跑到登上这座高岗必经的一个山崖处的洼地暂避。

我正想派几个伙伴绕到敌后，植草大喊大叫着冲了出去。

要说这家伙没头脑，也就在这方面。一个一点本事也没有的家伙孤身一人陷于敌阵，后果如何可想而知。况且，要爬上那个山崖，得有很大的决心和力气。那是红土地带，非常滑，而且坡很陡，爬上一步甚至要滑下两步。

植草全凭一时的勇气冲上去，结果遭到石头和土块的集中攻击，头上挨了一块较大的石头，一下子就从山崖上滚了下来。

我跑上前去一看，只见他撇着嘴，翻了白眼。

刚想夸他是个出色的勇士，可转眼之间他就成了实实在在的累赘。

回头朝上望去，只见对方站在山崖顶上，带着鄙夷的神情俯视我们。

我站在植草身旁俯视着他，仔细思索送他回家时怎么说才合适。

我要顺便提一下，植草十六岁的时候，也是在久世山这个地方，干了一件行如其人的事。

一天夜里，植草独自站在这久世山上。他给一名女生写了一封情书，在这里等她。

他上了久世山，俯视阎罗堂那条山道，伫候良久。但是约定时间过了好久，那女生还是踪影全无。

他想，再等十分钟。

再等十分钟、再等十分钟地望着那条山道等下去，偶一回头，他发现一个人影。终于来了，他想。他激动得心怦怦直跳。细看来人，却竟然长着胡须。

后来，据植草自己说，他很有勇气地迎上前去。

那人把植草的情书拿出来，问是不是他写的，而且自报姓名，递给植草一张名片，说自己就是那姑娘的父亲。

植草首先看到的是那人的工作单位——警视厅营缮科。

据植草说，那时他非常勇敢，对这位父亲理直气壮地倾诉了他对那姑娘的爱情是多么纯洁，还居然把他对那姑娘的爱硬比作但丁对贝雅特丽齐的爱①，反复表白。

我问："后来怎么样了？"

植草："她父亲终于理解了我。"

我："那么后来和那姑娘怎么样了？"

植草："吹了呗。因为我们还都是上学的学生嘛。"

总之，这事似乎可以理解又无法理解。这位"紫式部"没有写《源氏物语》，我以为实在是光源氏的一大幸运。

小学六年级的时候，以紫式部自居的植草，写出了长篇作文，而他称为"清少纳言"的我却成了剑道组的头儿。

---

① 但丁心目中的圣女，对她有纯粹的精神之爱。

大正的声音

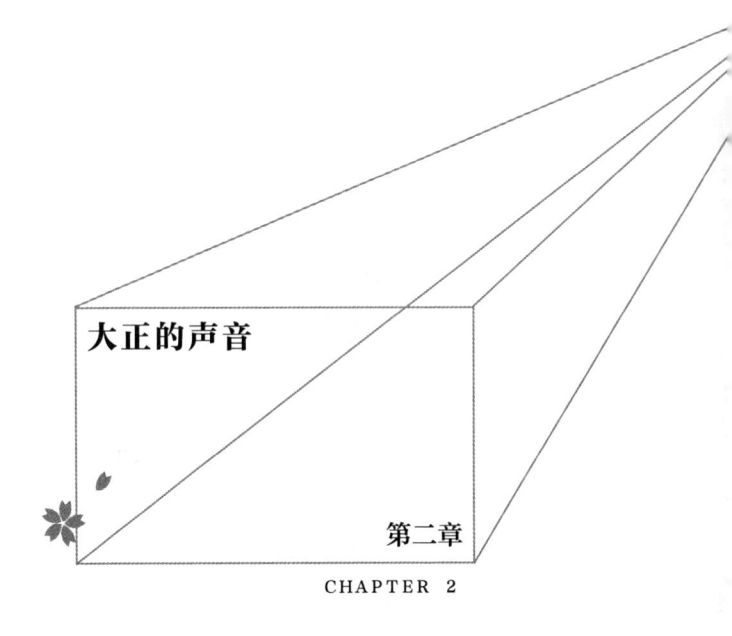

第二章
CHAPTER 2

明治的影子

我的小学时代正是大正初期，明治余韵仍然不绝如缕。

小学里唱的歌全是明朗爽快的调子。《日本海海战》《水师营之歌》等，直到现在我还喜欢。

曲调流畅，歌词浅显上口，直率得惊人，而且简洁准确，从不无病呻吟。

后来我曾经对副导演们说，这才是分镜头剧本的典范，你们要好好从这歌词中汲取营养。至今我仍然这样认为。

现在回想起来，除了这两首歌外，当时学校唱的还有几首好歌，比如《红十字》《海》《嫩叶》《故乡》《隅田川》《箱根山》《鲤鱼旗》等等。

美国著名的101弦乐团也曾选定《海》《隅田川》《鲤鱼旗》作为演奏曲目。听该乐团的演奏就知道，他们正是为这些歌的舒缓有致、流畅美妙所倾倒才选定的。

明治时代的人们，我以为正如司马辽太郎的《坂上之云》描写的那样，是以望着山坡上方遥远的云、登上坡道时的心情生活着的。

一天，父亲带着当时还是小学生的我和姐姐们，去了陆军户山学校。

我们被带到一个乳钵形的圆形剧场，这个剧场的座位是阶梯式的草坪，我们坐在这里听下面圆形广场上的军乐队演奏。

军乐队成员都穿着红裤，铜管乐器闪着金光，草坪上的杜鹃花团锦簇，女人们的阳伞五光十色，音乐的旋律使人备感舒畅，不禁想用脚打拍子。

直到今天，我还把这番情景当作我记忆中明治时代的影子。

也许因为当时还是个孩子，我一点也没感到它有什么阴暗。但到了大正末期，从《我是河滩的枯草》《随波逐流》，到《暮色渐浓》，所唱的歌全都充满咏叹与失意，曲调黯然。

有件事我在这里要附带提一笔。

那是大正十五年（一九二六年）或更早一点的时候，一位年轻导演在某次会议上说："如果明治时代出生的人不快些死去，给下一代腾出位置，我们不论怎么想出头也无法办到。"我有幸没参加这次会议，后来听成濑巳喜男先生一说，大为惊讶。一向寡言的成濑先生曾苦笑着说到这番话:"尽管这么说,可他们也不能为此而寻死呀。"此类青年导演从来不认真反思自己,却专对别人妄加非议。他们不假思索地说:"要是给我那么多时间和金钱,那样的片子我也拍得出来。"他们不知道,浪费时间和金钱,人人都会,但有效地使用它,却需要才华与奋斗。若不思进取,即使别人死了空出位子,自己也没有填补这一空缺的能力。出生于明治时代的沟口健二先生、小津先生、成濑先生相继去世后,日本电影出现衰退时,你们干了什么?补上他们的空缺了吗?并非因为我是明治时代生人才说这话。我只是在说明道理,我只想说,必须完全摒弃依靠别人的脆弱腐朽的精神。你们太幼稚了!

大正的声音

我少年时代听到的声音，和现在的根本不同。

那时根本没有电器，留声机也不是电留声机。一切都是自然的声音，其中有许多是现在根本无从听到的。在这里，我把它们按回想起来的顺序排列如下。

首先是正午时分咚的一声响炮，这是位于九段牛渊的陆军兵营报告正午的信号。其次是火警的钟声；消防员敲的梆子声；发生火灾时，消防员通知火灾地点的鼓声和喊声；卖豆腐的吹的喇叭声；修烟袋的吹的笛声；修理木器家具的敲打橱柜的门钹声；卖风铃者的风铃声；换木屐齿者的敲鼓声；游方拜佛祈福者的铮声；卖饴糖者的鼓声；救火车的钟声；舞狮的鼓声；耍猴的鼓声；做佛事的鼓声；卖蚬子的、卖纳豆的、卖辣椒的、卖金鱼的、卖竹竿的、卖花木的、卖夜宵面条的、卖关东煮的、卖烤白薯的、磨剪子的、焊铁器的、卖喇叭花的、卖鱼的、卖沙丁鱼的、卖煮豆的、卖虫的、卖龙虱的等等的吆喝声；还有风筝的哨音，打板羽毽的声音，拍球歌，儿歌……

这些业已消失的声音，都长存于我少年时代的记忆之中，不可磨灭。这些声音全都和季节有关，有的属于寒冷季节，有的属于温暖季节，有的属于炎暑，有的属于凉秋。它们也和多种多样的感情相连，有的欢快，有的凄凉，有的哀怨，有的恐怖。

我就怕失火，因此，对于通告火警的钟声，以及消防员通知火灾地点的鼓声都感到难以言喻的恐惧。

咚咚两声，通知火灾地点是在神田神保町——我记得小时候蜷缩在被窝里曾听到这种响声。

那还是人们称我"酥糖"时期的一天夜里，我突然被姐姐叫醒："小明，失火啦，快穿好衣裳……"

我急忙穿上衣服，走出门厅一看，我家对面已成一片火海。

后来怎么样我就根本记不得了，当我清醒过来时，发觉自己正孤零零在神乐坂踽踽独行。我急忙跑回家去，火已经灭了，可是火灾现场设了警戒线，警察不让我过去。我终于回到了家，父亲一看见我就大发雷霆。究竟怎么回事我也不知道。据姐姐说，我看到火灾就立刻往外跑。姐姐喊着"小明，小明"想阻止我，但我已打开大门旁的小门跑远了。

谈到火灾，我想起了另一件事，就是当时用的消防马车。

拉这种车的马都非常漂亮。车上有个很大的黄铜做的像温酒器一样的东西，看起来十分优雅。

我很讨厌失火，却很想再次看到这样的马车从面前疾驰而过。后来，我在二十世纪福克斯电影公司的外景场地看到了这种马车。当时的布景表现古老的纽约市街，一辆马车正停在紫丁香盛开的教堂前。

还是回到"大正的声音"这个题目上来吧。

对于那时的每一种声音，我都有难忘的记忆。

当看到声嘶力竭拖着凄凉的腔调沿街叫卖蚬子的孩子时，我感到自己是个幸运儿。当卖辣椒的从盛夏似火的骄阳下走过时，我正站在橡树下举着捕蝉罩的竿子捕蝉。当听到风筝的哨音，就想到我站在桥上，手里拉着风筝绳，仰望着遨游于冬日晴空的风筝。

声音唤起我的回忆，如果把孩提时代令人惆怅的回忆逐项写下来，那是难以写尽的。

现在我写着这些往事，耳朵听到的却是电视的声音、电炉子的响声、收废纸的扩音喇叭的叫声。这些，全是电器的响声。

以上我写的这些，现在的孩子是不会有如此丰富而铭刻于心的回忆了。

想到这里，我觉得现在的孩子比从前卖蚬子的孩子还要可悲。

神乐坂

前面提到，我父亲对待生活的态度是非常严格的。出身大阪商家的母亲，只是因为饭桌上鱼的摆法就曾经挨过父亲严厉的训斥："混账！你是打算让我剖腹自尽吗？！"

剖腹自尽的人死前吃的饭菜的摆法似乎极其特别，其中鱼的摆法就与日常生活中不同。

父亲在孩提时代就梳着武士发髻。到了儿女成行的此时，他也常常背对壁龛端然跪坐，左手举刀，右手向刀身轻轻地拍滑石粉。起居举止如此严谨的人，看到给他的鱼居然像供剖腹自尽者食用的一样摆着，当然要大动肝火了。我想，鱼鳍朝哪个方向有什么关系呢？所以每当母亲为此遭受训斥时，我总是满怀同情地望着她。

但是母亲却总是摆错，每次摆错她都遭到父亲的训斥。

现在回想起来，可能正因为母亲常常为此挨父亲训斥，对他这种繁文缛节也就当耳旁风了。

给剖腹自尽者上菜的规矩，直到今天我还不甚了然。这是因为我还没拍过有这种场面的电影。据说，给客人吃的鱼，鱼头朝左，鱼腹朝着客人。给剖腹者上的鱼，大概是鱼头朝右，鱼背朝着本人。或许那是因为，如果让剖腹者看到剖开的鱼腹，未免太残酷了。

这只是我的推测。

母亲不可能在上菜时把鱼腹背对人，这在日本人看来是无法想象的。所以，她应该只是把鱼头左右摆反了而已。仅仅为此就遭到父亲的训斥，未免太不公正。

我孩提时代也因为吃饭不合规矩屡遭父亲训斥。拿筷子不合规矩，父亲就倒拿着筷子，用筷子头狠狠地打我的手。

可是如前所述，就是这样一位父亲，却常常带我去看电影，而且看的主要是西洋影片。

神乐坂有一家专放西洋片的影院，名叫"牛込馆"，我常常在这里看连载动作电影，或者威廉·S.哈特主演的影片。至今我还记得很清楚的连载动作电影有：《虎的足迹》《哈里根·哈奇》《铁爪》《深夜的人》，等等。

哈特的作品和约翰·福特的西部片相似，都是表现男子汉英雄气概的。故事发生在阿拉斯加的比发生在西部的还要多。我记得最清楚的，是手持双枪的哈特的面孔、他那镶着金边的皮袖箍、戴着宽檐帽的马上英姿，以及在阿拉斯加的森林雪地上前进时头戴皮帽、身穿皮衣的形象。而久久难忘的，则是这部影片表现的铮铮铁汉的气魄，以及男子汉的汗臭味儿。

这个时期，他也许已经看过卓别林的作品，但我不记得他在表演上有什么模仿卓别林之处，模仿的痕迹可能是再往后才有的。

究竟是这一时期还是稍后一些时候，已经说不准了。总之，有一部电影给我留下了强烈的记忆。那是部描绘南极探险的影片，是大姐姐带我到浅草看的。

探险队员们不得已把因病动弹不得的向导狗扔下，继续赶着狗拉的雪橇前进。那只濒死的狗竟然晃晃悠悠地站起来，拼死追上去，忠于自己的职责，跑到了雪橇的前面。

看到那条狗强忍病痛摇摇晃晃站起来的时候，我心如刀绞。

那狗的眼睛被眼屎糊住了。它气喘吁吁，舌头耷拉在外面，跑起来摇摇摆摆。狗的脸上现出凄苦和悲痛，然而那是一副高贵的面孔。

泪湿了我的眼睛，都看不清画面了。但是，我仍然模模糊糊地看到探险队员把那条狗拉开，带它到雪坡的后面去。过了一会儿，大概是一枪把它打死了，因为一声枪响，其他雪橇犬吓得乱了套。

我痛哭失声，尽管姐姐百般安慰，我的悲痛也难以抑制。

姐姐无计可施，只好领着我出了影院。我依旧痛哭不止。

坐在回家的电车上也好，回到家之后也好，我一直哭个没完。气得姐姐直说"再也不带小明去看电影了"，但我还是哭。

至今我也没有忘记那狗的表情，而且每次想起它，就不禁生出虔诚的敬佩。

这一时期看的日本影片和西洋片相比起来，我并不觉得多么有意思，可能是由于我年岁尚小。

父亲不仅带我去看电影，还领我去神乐坂的曲艺馆。

我记得的曲艺演员有阿小、小胜、圆右。大概是圆右唱起来太慢的缘故吧，听起来没意思，我毕竟是个孩子。小胜慢声慢语说的单口相声倒很有趣。我记得他说过：最近流行披肩，假如那种东西披着好看，那么，披个短门帘也该好看了。

我喜欢阿小（他已经是一位有名的演员了），特别是他讲的《夜哭乌冬》和《酱烤马》，都令人难忘。阿小演一个拉着面条车沿街叫卖砂锅面条的小贩，我记得他那发自丹田的叫卖声，会立刻把听众带进寒凝大地的隆冬深夜。

《酱烤马》这个段子，除了阿小之外，我还没有听过其他人的表演。故事是说，赶马人在荒村野镇的小店里喝酒，他那拴在外面驮着大酱的马跑了。赶马人到处打听马的下落，问答也就越来越引人发笑，最后碰到一个醉汉。"您见过一匹驮着大酱的马吗？"那醉汉说："什么？我年纪一大把，还没有见过酱烤马！"[①] 随着他的表演，我仿佛也跟着那赶马人东跑西颠地寻马，徜徉于西风古道、暮色苍茫的情景之中，不由得连声叫绝。

我对那些曲艺家的表演十分神往，在回家路上那家天妇罗荞麦面馆里吃的面更是余香满口。特别难以忘怀的，是隆冬季节的炸虾别有味道。

我最近从国外返回日本，当飞机快到羽田机场时就想："啊，吃碗天妇罗荞麦面吧。"但现在的天妇罗荞麦面可远不如从前了。

说起来，从前的汤面铺门前总是晒着煮过汤的骨头，路过这里的人都会闻到一股香味儿。这种气味令人难忘。当然，门前晒着煮汤用的骨头的铺子现在也不是绝对没有，然而那气味却根本不同了。

---

① 日语中"驮着大酱"也可理解成吃烤肉串时"涂上酱汁"。

武 者

那是快要毕业的时候。

我踏着滑板车,从学校前面的服部坂陡坡上一下子滑了下来,滑板车的前轮正撞到煤气管道的铁盖上,我翻了个跟头,跌了个倒栽葱。等我醒过来时,发觉自己躺在服部坂下边的派出所里。

当时,我右膝关节严重跌伤,好长一段时间里就像瘫痪了一样,不得不请假休息。(即使现在,我的右膝关节还有些毛病。也许是心里怕它出什么问题,过分注意,结果反倒动不动就碰着它,疼痛难忍。我打高尔夫球时,进坑球打不好就是这个原因。蹲下身也很困难,因而看不清草坪的起伏——碰上这么个好机会,所以要辩解几句。)

膝盖痊愈之后,一天我和父亲到澡堂去洗澡,碰上一位须发皆白的老人,大概是父亲的朋友。彼此寒暄了一通,他问父亲:"令郎?"

父亲点点头。

老人说:"实在不结实。我在这附近办了个道场,你让他去吧。"

后来我向父亲打听,原来此人是千叶周作的孙子。千叶周作是著名的剑客,幕末时期曾任玉池道场的主持,生前有许许多多的嘉行逸事。那老人的道场就在紧邻我家的一条街上,因为我耽于剑道,此后就进了他办的道场。但是,这位须发皆白的千叶周作的孙子只是高踞于授业之师的座位上,从未离座指点过我。

教我们的是他的徒弟,那口令也只是"注意、注意、打你!注意、打你",仿佛在教舞蹈一般,听着就让人感到没气魄。况且来学的大多是附近的孩子,到这儿来纯粹是为了玩乐。实在没什么意思。

偏巧,这位道场主人又被汽车撞了。那时汽车本来是罕见之物,可他却让这罕见之物撞伤,这简直就像宫本武藏挨了马踢一样可笑。因此,我对千叶周作这位孙子的尊敬立刻就烟消云散了。

大概是出于对他的不满吧,我决心进当时在剑道上风靡一时的高野佐三郎的道场。然而这个决心最终只是三天打鱼两天晒网。

虽然已经有所耳闻,但高野派教学方法的严酷程度还是超乎了我的想象。在学交叉砍对方脸部这一招数时，我朝对方的脸砍去，几乎与此同时，我被弹回来撞到墙上，眼前一阵发黑，两眼直冒金星。这一刹那，我对自己剑术水平的自信——确切地说是自豪——立刻化为乌有。

人世并不像想象的那么简单。人外有人，天外有天。自己不免是井底之蛙，总是管中窥豹。

我嘲笑被汽车撞伤的剑客，自己却被撞到墙上。由此我深深感到，自己是多么浅薄和无知。

以少年剑士自诩的神气立刻瓦解了，再也不曾恢复。而且，小学毕业在即，我因自高自大遇到的打击，也不仅仅是剑道一项：我报考了一心向往的东京府立第四中学，却名落孙山。

这和哥哥未考上府立第一中学的情况不同，我没考上是无话可说的。尽管我在黑田小学名列前茅，但那不过是井底之蛙。我对语文、历史、作文、美术、习字等喜欢的课程特别在意，绝不落人之后，但理科我就不喜欢，只是为了保持名列前茅的成绩才一直勉为其难地学。其结果自然是可想而知。在府立四中的考题中，算术与理科题让我一筹莫展。

我这些长处与短处，直到今天依然如故。无论从哪方面说，我都属于文科系统。

举例说，我连阿拉伯数字都写得不合规范，仿佛是花体字；我不会开汽车，连操作普通的照相机、给打火机上油也不会。我儿子说，我挂电话的神态，简直就像个黑猩猩。

对一个人，如果老是说他"笨哪笨哪"，他就会越发失掉自信，越来越笨；如果是"巧啊巧啊"地称赞他，他就会越来越有自信，越来越巧。

人的长处与短处，一方面是先天的，但后天的影响也不小。不过，事到如今再为自己辩护也没多大意思了。

我在这里想说的只是从这时起，我或多或少地看出了自己应该前进的方向，就是走文学或者美术的道路。但是，这两条道路的分岔口，对我来说还遥远得很。

遗痛一刻

小学毕业的日子越来越近了。

当时小学毕业典礼是有一定程式的。通常像现在的室内剧一样，进退如仪，并略带感伤情调。开头照例是校长训词，祝福和训勉毕业生前途无量、好自为之等一派陈词滥调。然后是徒具形式、泛泛而论的来宾代表致辞，以及毕业生代表的答辞。而后，毕业生在风琴伴奏下，唱起：

高山仰止，吾师之恩……

然后是五年级学生唱惜别歌：

上班诸生，切磋与共
如我之姊，如我之兄

……

最后全体唱《萤之光》。

这时候,有的女生一定会抽抽搭搭地哭起来。在这之前,我必须以男生代表的名义念答辞。班主任写好答辞交给我,让我工整地抄好,到时候上台去念。至于答辞的内容,可打百分,全都是从德育教科书上寻章摘句抄下来的,读起来干巴巴的。特别是当我看到用堆砌的华丽辞藻赞颂老师之恩的段落时,不由得扫了一眼这位班主任。前面我已提到,这位老师和我彼此憎恶,关系很坏。而他居然让我肉麻地颂扬师恩,由衷地表达离别之痛,这样的老师算个什么东西!他居然能够如此赞美自己的业绩,如此粉饰自己的所作所为,这种人的内心深处到底藏着什么呢?

我怀着毛骨悚然的心情,拿着他交给我的答辞草稿回了家。我心想,这是最后一次和他打交道了,没有办法,只好遵命,就找来顶好的卷纸誊写起来。哥哥站在我身后目不转睛地看着。

抄完之后,我自己默读了一遍。这时哥哥说:"给我看看。"

他拿起原稿看完,立刻揉成一团扔了出去。

"小明,别念它!"

我吃了一惊,正要说话,他说:"不就是念答辞吗?我给你写,你念我写的这个。"

我想这可太好了。可是一想到这样一位老师，一定会要我把抄好的给他看，所以这么办不行。

我这么一说，哥哥立刻说："你就把他写的那份答辞抄好给他看，举行典礼前再把我写的这个夹在里边，到时候读这个。"

哥哥写的那份答辞，内容辛辣无比。它痛骂了积习难改的小学教育，嘲笑了奉行这种恶习的教师们，说我们这些摆脱了他们种种羁绊的毕业生，过去像做了一场噩梦，今后就可以自由地做有趣的梦了，诸如此类。这在当时来说是具有革命性的。

我读了，痛快之至。但是很遗憾，我没有念这份答辞的勇气。

现在想起来，如果念了它，校长、全体教师以及全体来宾准会和果戈里的《钦差大臣》落幕时那种状态一模一样。

我不能忘记，当时的来宾里有我父亲，他穿着大礼服，仪态庄重。至于那位班主任，快要举行典礼时不仅检查了我誊好的答辞，甚至让我在他面前朗读了一遍。哥哥给我写的答辞仍旧装在衣袋里——临时偷换也并不是办不到。

典礼一完我就回了家。父亲说："小明，今天的答辞蛮不错呢。"

哥哥从父亲这句话自然了解到我是怎样做的，所以向我微微一笑。

我害臊了。我承认自己是个胆小鬼。

就这样，我从黑田小学毕业了。

黑田小学的帽徽是藤花，我想，这大概是由于院子里有一个很大的藤萝架吧。黑田小学时期，我美好的回忆只有那藤萝花和立川老师、植草圭之助。后来植草进了京华商业学校，我上了京华中学。

巅峰只欠一跳

我入学时,京华中学和京华商业学校都在御茶水,和今天仍然存在的顺天堂医院隔着一条大道,堪称近邻。

那时御茶水的风景,正像京华校歌里的"唯我茗溪……"那样。夸张一点说,可和中国的名胜媲美。

关于御茶水的风景,以及我在京华中学一二年级的情况,当时我的朋友曾在昭和[①]二年(一九二七年)毕业生同窗会的会报上写过,请允许我在这里引用一下。

> 当时御茶水的大堤上萋萋丛生的杂草的香味令人难忘。这是一条值得怀念的大堤。挨到下课时间,我们从京华校门(说是这么说,实际上是个类似后门的

[①] 即1926年12月25日至1989年1月7日。

普通门）解放出来，从本乡元町的市内电车站附近越过宽广的电车道，瞧准机会，蹿过禁止跳越的栅栏，赶快藏进繁茂的草丛里，这样就谁也看不见了。慢慢地、小心地走下大堤的陡坡，找个没有落水危险的地方，把书包扔到草地上当枕头，顺势躺下。如果人多，当然不能一直躺到水边，要留出一条通道。顺这里还可到水道桥附近，攀登到桥上……这只是因为我不想立刻回家。能理解这种心情的朋友就是黑泽明。我曾和黑泽一起从大堤陡坡上跑下去两三次。有一次，我们看到草丛里有两条蛇交尾，蛇身缠在一起，呈立体的螺旋状，被吓了一大跳。黑泽的作文和图画是超群的，他的作品常常刊登在校友会杂志上。有一幅静物画给我的印象至今难忘。我想，原作一定更美。我听说，年轻有为的岩松五良老师因为黑泽有如此才华，非常喜欢他。但黑泽的运动神经几乎等于零。他练单杠时，两手攀住铁杠，脚尖拖在地上，身子硬是提不上去。我非常焦虑，但有什么办法呢？他的语调像女人。我记得和这位皮肤白皙的高个子朋友走下大堤的陡坡，两人并肩躺在草地上仰望晴朗的天空时，有股说不出来的酸甜之感。

从这篇文章可以看到，那时候我还有许多女里女气的地方。

我想，可能是被称作"酥糖"的时期自娇自宠惯了，甜得过了头，这才使人有酸甜之感。除了这样安慰自己外，还有什么办法呢？

总之，让我感到吃惊的是，我的自我认知和别人心目中的我是截然不同的。

从自诩为少年剑士时起，我自以为已很有一番男子汉气概了，可是结果呢？这篇文章却说，我的运动神经等于零，对此我不能不提出抗议。

我的臂力弱，吊在杠子上无力把身体提起来，这是事实，不会俯卧撑也是事实，但这并不能说明我的运动神经就是零。

对于不十分重视臂力的体育项目，我可是相当拿手。我的剑道已达到了一级水平。棒球方面，我当投手能投出让接球手害怕的球；我当游击手，处理地滚球之妙众所周知。而游泳，日本传统泳姿中的水府流和观海流我都学过，后来我终于学会了外国的自由泳，尽管速度不快，可是按我这个年纪来说，游起来还不算吃力。打高尔夫，我的推杆入洞的确差劲，但也并非不可救药。

不过在同班同学眼里，我的运动神经等于零，这也难怪，因为京华中学的体操项目是由退伍军人担任指导教官，他们只重视臂力。

有一天，那个绰号叫"铁扒牛排"的红脸教官让我练单杠。我两手抓着杠子吊不上去，他冲我大发脾气，想硬把我推上去。我火了，一撒手从单杠上掉下来，把铁扒牛排先生压在沙坑里。结果，铁扒牛排成了撒满沙子的炸牛肉。这样一来，到学期末，我的体操得了零分，创下京华中学成立以来的新纪录。

不过，铁扒牛排老师上体操课时还发生过这样一件事。

他教跳高采取比赛的方法，撞掉竿的就被淘汰下去，看最后剩下谁。

轮到我跳了，我刚一起跑，同学们就哄堂大笑。当然，他们准是觉得我会头一个把横竿撞下来。出乎意料的是我轻松越过了横竿，大家为之一惊。横竿逐渐上移，撞掉横竿的人也逐渐增多，敢于向横竿挑战的人自然越来越少。然而，挑战的人中间总有我。

看热闹的人们寂然无声了。

不知道什么原因，居然出现了奇迹：只剩我一个人在挑战了。铁扒牛排也好，同学们也好，一个个无不呆呆地看着我。

怎么会出现这种事呢？

我到底是以什么样的姿势跳过横竿的呢？因为开头我每跳一次都听到他们哈哈大笑，我想，我的姿势一定非常奇特。

这件事，至今我都觉得十分费解。

难道这是一场梦？

上体操课时我每次都遭到嘲笑，难道我的希望在梦中实现了？不，绝不是梦。我的的确确越过了一次比一次高的横竿。而且，只剩下我一个人之后，仍然几次跳过了横竿。也许是天使哀怜我体操课总得零分，给我的背上插上了翅膀。

长长的红砖墙

中学时代一个难忘的记忆，就是当时炮兵工厂的那堵砖墙。

我每天都沿着这堵墙去学校，回家。

本来，我应从小石川区五轩町的家走到大曲电车站，从这里上电车，在饭田桥换乘，到本乡元町下车，然后到学校。可是我很少这么走。因为在电车上发生过一件不愉快的事，从那以后我就讨厌坐车了。

这件不愉快的事是我干的，至今想起来还心有余悸呢。

早晨的电车永远满员，驾驶席旁总是挤着很多人。有一天，我也挤在那里。从大曲到饭田桥的半路上，不知为什么我竟然松开了抓着电车栏杆的那只手。

我两旁挤着两个大学生，如果不是他们俩夹住我，我会立刻掉下车去。不，即使他们俩夹着我，我还是一只脚踩在踏板上，另一只脚悬空，身体朝后仰去。就在这千钧一发之际，一位大学生喊了一声，松开一只手，一把抓住了我斜挎在肩的书包背带。这样，我相当于被那大学生提溜着到了饭田桥站。

在这期间，我一动不动，目不转睛地看着那吓得面无血色的大学生。到了饭田桥下车时，两位大学生看了看我，气喘吁吁地问："你怎么啦？"

我也说不出为何竟闹了这么一出惊险把戏，只是深深地低头道谢，之后便朝换乘的车站走去。"你不要紧吧？"两位大学生问道，好像还要追上来。

我像逃跑似的，一个箭步跳上刚开动的前往御茶水方向的电车。回头一看，只见那两位大学生并肩而立，惊魂未定地目送着我。

他们惊魂未定是理所当然的。我都不能不为自己干的这桩事心跳不已。

因为发生了这件事，我就暂时不坐电车了。小学时代去落合道场时，我就没有把徒步往返当作难事，这样，我用省下的电车费买了大量的书，满足了从这个时期开始的旺盛读书欲。

从家出来，沿着江户川走到饭田桥畔，再沿着电车道往左拐，不一会儿，就走到了炮兵工厂长长的红砖墙那里。

这堵墙长而又长，它的尽头是后乐园（不是后乐园球场，而是水户公爵宅邸的庭园)。从这里再往左拐，走一小段路就到了水道桥的十字路口。左前方拐角处有扇柏木建造的诸侯府似的大门，从门旁走上通向御茶水的缓坡就到学校了。这就是我上中学时的往复路线。

在这段路上，我来去都是边走边看书。樋口一叶、国木田独步、夏目漱石、屠格涅夫等人的作品就是在这段路上看完的。哥哥的书、姐姐的书、自己买的书，凡是到手的就读，不管懂还是不懂。

那时我还不太懂世俗的事，但有关自然的描绘还是懂的，所以把屠格涅夫的《幽会》第一段反复诵读。它的开头是这样写的："只是听树林中树叶的声音就知道季节……"

因为当时对描写自然的文章理解力很强，加上受读过的那些描绘自然的文章影响，我的一篇作文受到了语文老师小原要逸的赞扬，他说那是京华中学创立以来最好的文章。

现在读来，那也不过是一篇用优美词句堆砌起来的华而不实的东西，真让人脸红。

现在回想起来，当初为什么写这样的东西，而没有写来回经过的那堵红砖墙呢？想到这里，真是不胜遗憾。

那堵墙，冬天挡住北风，惠我良多；但一到夏季，似火骄阳之下，它那辐射的热量也使我不胜其苦。

如今我仍想更多地写写这堵墙，然而只能写这么多了。

后来，这墙在关东大地震中倒塌了，如今已荡然无存。

生死之间

这一天①,对于上中学二年级的我来说,是个心情沉重的日子。

暑假结束后的第一天,学生们都感到心烦,因为又得上学了。这一天要举行第二学期的开学典礼。

典礼一结束,我就去日本桥的丸善书店为大姐姐买西文书籍。可是丸善书店还没有开门。远道跑来,它竟没有营业,使我更加心烦。我只好等下午再来,便回了家。

这家丸善书店,就在我离开两个小时之后,竟成为一片废墟。它那残骸的照片,作为关东大地震的一个可怕例证,受到全世界的瞩目。

我不能不去想,假如我去时丸善书店刚好开门,结果

---

① 指 1923 年 9 月 1 日。

究竟会怎样。即使为姐姐寻找西文书籍花不了两个小时，即使还不致被压死在丸善书店里，但是被烧光整个东京中心区的大火包围，结果如何也很难想象。

大地震当天，从早晨起万里无云，残暑的阳光仍然炙人。蓝天如洗，晴空万里，使人感到秋高气爽。十一点左右，没有任何前兆的疾风突然袭来，把我做的风向标从屋顶上刮了下来。

我不知道这疾风和地震究竟有什么关系，但是我记得，上了屋顶重新安装风向标时还在想今天真奇怪，并仰头望了望碧蓝的天空。

在这次历史上罕见的大地震发生前不久，我还和住在附近的朋友从家门前的大街上走过。

我家对门有一家当铺，我和朋友蹲在这当铺的库房背阴处，用小石子砸那头拴在我家大门旁的红毛朝鲜牛。

邻居家在东中野开了一家养猪场，那牛是用来拉喂猪的剩饭的。不知什么原因，那家主人头天晚上把它拴在我们两家之间狭窄的小胡同里。它吼了整整一夜，十分讨厌。我被它吼得一夜没睡好，看见它就来气，才用小石子砸它。

这时，我听到轰隆隆的声音。

当时我穿着粗齿木屐，正拿小石子砸牛，身体摇摇晃晃，根本没发觉地面晃动。朋友忽然站了起来。我正想问他去干什么，就看到身后的库房墙塌了下来。

我也急忙站起来。穿着粗齿木屐，在激烈摇晃的地面上是站不住的。我脱下木屐，像从船上站起来那样两手提着木屐也跑了过去，搂住了那根杆子。

这根电线杆也猛烈地摇晃起来。

地面上所有的东西都发了狂，电线被扯得七零八落，当铺的库房猛烈地颤抖，把屋顶上的瓦全都抖掉了，厚厚的墙壁也被震塌，转眼之间就成了一副木架子。不仅库房如此，所有人家屋顶上的瓦都像筛糠似的左摇右晃，上下抖动，噼噼啪啪地往下掉，一片灰蒙蒙的尘埃中，房屋露出顶架。传统式的建筑果然好，屋顶一轻，房屋也就不再坍塌了。

我还记得，我抱着电线杆忍受着强烈的摇晃时，仍然想到了这些，而且非常佩服日式建筑的优越性。然而这绝不意味着我遇事沉着冷静。

人是可笑的，过分受惊时，头脑的一部分会脱离现实，想入非非，看起来显得十分沉着。

尽管我在想地震与日本房屋构造等问题，下一个瞬间仍然想到了我的亲人们，于是拼命地向家跑去。

我家大门顶上的瓦掉了一半，但是没有东倒西歪。然而从大门到门厅的甬路石全被两厢屋顶的瓦埋了起来，门厅的格子栏杆全倒了。

啊，都死了！

这时，我心里竟然不是为此悲哀，而是有种莫名其妙的达观，站在院子里望着这片瓦砾堆。

随之而来的想法是，自今而后我将是孤身一人了。怎么办？想到这里我环顾四周，看到那位方才和我一起抱着电线杆的朋友，还有他从家里跑出来的全家人都站在街心。

没有办法，我心想，还是先和他们待在一起吧。当我走到他们跟前时，那朋友的父亲正要和我说话，忽又噤口不语，不再理我，直勾勾地望着我家。我受他吸引似的回头望去，只见我的亲人一个不少地从家里走了出来。

我拼命跑过去。

本来以为全部遇难的亲人们竟然平安无事，看来他们反倒在为我担心，看到快步跑上前来的我，无不如释重负。跑到亲人跟前，我本该放声大哭，然而却没有哭。

不，我哭不出来。

因为哥哥看到我，立刻大声斥责："小明！瞧你那副样子！光着两只脚，成何体统！"

我一看，父亲、母亲、姐姐、哥哥无不规规矩矩地穿着木屐。

我急忙穿上我的粗齿木屐，同时也为此深感羞愧。全家人之中，惊慌失措的只有我一个。

在我看来，父亲、母亲和姐姐毫无惊慌神色。至于哥哥，与其说他十分沉着，倒不如说他把这次大地震看成趣事。

黑

对我来说,关东大地震是一次可怕的事件,但也是一次宝贵的经历。

它告诉我自然界拥有异乎寻常的力量,同时也使我了解了异乎寻常的人心。

首先是地震在倏忽之间改变了周围的风物,使我饱受惊吓。

江户川对岸的电车道断裂,大地裂缝绵延不断,河底隆起的泥沙形成小岛。

我没有看到倒塌的房屋,然而倾斜的房屋却随处可见。江户川两岸被扬起的尘烟包围,尘烟像日食一样遮蔽了太阳,形成了前所未见的景观。在这异乎寻常的变幻之中往来的人群,也仿佛地狱里的幽灵一般。

我抓住江户川护岸上的小樱花树,瑟瑟发抖地望着这番光景,颇有世界末日到来之感。这一天我究竟是怎样过的,此刻已毫无记忆。

我只记得地面不停地摇晃,不一会儿,东方的天空一片通红,仿佛原子弹爆炸后出现的蘑菇云一般,大火翻卷着奔涌的浓烟扶摇直上,遮蔽了半个天空。当晚,免于火灾的山手一带因停电漆黑一片,却被平民区的火灾烈焰照得如同白昼。

家家户户都备有蜡烛,没有受到黑暗的威胁。那晚给人威胁的是炮兵工厂的爆炸声。

这工厂是由红砖墙围起来的,厂房高大,红砖房成排,它自然挡住了来自平民区的大火,从而保护了山手一带免遭蔓延的火灾。但是,工厂里储存了大量火药,在一片大火的炙烤下,轰然巨响连连传来,火柱冲天而起。

有人说这种响声来自伊豆的火山爆发,这爆发又连续引起火山活动,逐渐传到东京。说得如此有理有据,仿佛真的一般。说这话的人不知从哪里捡来一辆被人扔掉的送奶车,他得意扬扬地给大家看,还说必要时把生活必需品放在这上面,可以随时逃走。

这是很天真的想法,倒不会带来什么害处。可怕的,是被恐惧控制的人做出的脱离常轨之举。

平民区的大火熄灭了,居民家里的蜡烛用光了,夜晚成了黑暗世界。黑暗威胁下的人们,竟然受了可怕的蛊惑,干出了荒唐透顶、愚不可及的事来。

没有经历过的人无法想象对人类来说何谓真正的黑暗，这黑暗又是多么可怕。这恐怖夺走了人的正气。

无论朝哪里望，什么都看不见，这是最使人感到孤立无援的地方。它使人内心深处产生了惊慌和不安，也使人处于名副其实的疑心生暗鬼状态。

大地震时发生的残杀朝鲜人事件，就是蛊惑人心者巧妙地利用黑暗对人的威胁制造的阴谋。

我曾目睹过，有人东跑西窜地大喊大叫：留胡子的人在那儿，啊，又跑这儿来啦！盲从的人们满脸杀气，一窝蜂似的跟着狼奔豕突，满街乱窜。

我们到上野去找房屋被焚无家可归的亲戚时，父亲仅仅因为留着长胡子，就被一群手拿棍棒的汉子当作朝鲜人给团团围住。我的心扑通扑通直跳，看着同来的哥哥，他却满不在乎。这时，只听父亲大喝一声："浑蛋！"一声断喝，包围者们立刻作鸟兽散。

街道规定一家出一个人打更，可是哥哥根本不理。没办法，我只好拿着木刀去值班。他们把我领到只能钻过一只猫的下水道铁管旁，让我站在那里。他们告诉我，朝鲜人也许就会从这里钻出来。这简直是胡说八道。

他们还告诫说，这条街上某家的井水不能用了。据说是有人用粉笔在围着这口井的砖墙上做了奇怪的记号，说明朝鲜人曾往这井里下过毒。这简直使我目瞪口呆。不瞒你说,那奇怪的记号是我随便瞎画的。

  我看着这些净说胡话的人,不能不对人的这种种行为有所思考了。

可怕的远足

地震引起的火灾刚控制住,哥哥就急不可待地对我说:"小明,去看看火灾痕迹吧。"我简直像要去远足一样,兴致勃勃地和哥哥一同动身了。

等我发觉这次"远足"有多么可怕,想反悔时已经晚了。

哥哥看出我要打退堂鼓,便硬拉着我足足跑了一天,转遍了大片火灾地区,还看了难以计数的尸体。最初只是偶尔看到几具烧焦的尸体,但越走近平民区,这样的尸体越多。哥哥不容分说,抓住我的手走近尸体。

火灾后是一望无边的暗红色。火势很猛,所有木材都成了灰,那灰时时被风扬起。那地方跟红色沙漠别无二致。

在这令人窒息的红色之中,躺着各种姿势的尸体。有烧焦的,有半烧焦的,有死在阴沟里的,有漂在河里的,还有相互搂抱着死在桥上的。还有一块四四方方的地方摆满了尸体。总之,我看到了以各种各样的姿态离开人世的人们。

当我不由自主地背过脸去不看的时候,哥哥就厉声斥责我:"小明,好好看看!"

我不想看,为什么非让我看不可呢?我不明白哥哥是何居心,十分痛苦。特别是站在已被染红的隅田川岸上,望着那些渐渐漂上岸边的成堆的尸体,我浑身无力,简直马上就要跌倒。哥哥无数次揪住前襟提着我,让我站稳。"好好看看啊,小明!"我毫无办法,只好咬着牙去看。

那惨不忍睹的光景,闭上眼睛仍历历在目。横竖都能看到!想到这里,我略微冷静下来。

我看到的一切,实在难以形容,也难于表述。

记得当时我想,地狱里的血海也不过如此吧。

我曾写到染成红色的隅田川,其实并不是用血染成的红色,只是火灾废墟那样的暗红色,像臭鱼眼睛那种由混浊的白色变成的红色。

漂在河里的尸体个个膨胀得快要胀裂,肛门像鱼嘴一样张着,母亲背上的孩子也是这样。所有的尸体都按一定的节奏随水波摇晃。

极目望去,不见有活人踪影,除了我和哥哥。我觉得我们两人在这里只是两粒小小的豆子。我觉得我们俩也成了死人,此刻正站在地狱门前。

然后哥哥带我过了隅田川桥，去了被服厂前的广场。这里是大地震中烧死人数最多的地方，死尸一望无际，随处可见成堆的尸体。其中一堆上面，有一具坐着烧焦了的尸体，简直就像一尊佛像。

哥哥伫立良久，目不转睛地看着它，自言自语道："死得庄严哪！"不错，我也是这么想的。

此时，我已区分不出尸体和瓦砾，心情倒是莫名其妙地平静。

哥哥看我这副表情，说："咱们回去吧。"

我们从这里再次渡过隅田川，去了上野大街。大街附近有一个地方聚集了很多人，这些人无不拼命地寻找着什么。

哥哥看了看，苦笑着说："这儿是正金堂的遗址。小明，找个金戒指作为纪念吧。"

那时，我遥望着上野山的绿色，伫立良久，一动不动。我感觉仿佛已有几年不见树木的绿色了。我还感觉好久没到有空气的地方来了，不由得做了一下深呼吸。

大火所到之处，没有一点绿色。绿色如此珍贵，在此以前我没有体会，而且也从来没想过。

结束这趟可怕的远足，当天晚上，我以为一定难以入睡，还会大做噩梦，但头刚一沾枕就到了第二天早晨。我睡得极香，而且连梦都没一个，更不要说噩梦了。

我觉得这事非常奇怪,便告诉哥哥,问他是什么原因。哥哥说:"面对可怕的事物闭眼不敢看,就会觉得它可怕;什么都不在乎,哪里还有什么可怕的呢?"

　　现在想来,那趟远足,对于哥哥来说可能也是可怕的。也可以说,正因为可怕,所以必须征服它。这次远足也是一次征服恐怖的远征。

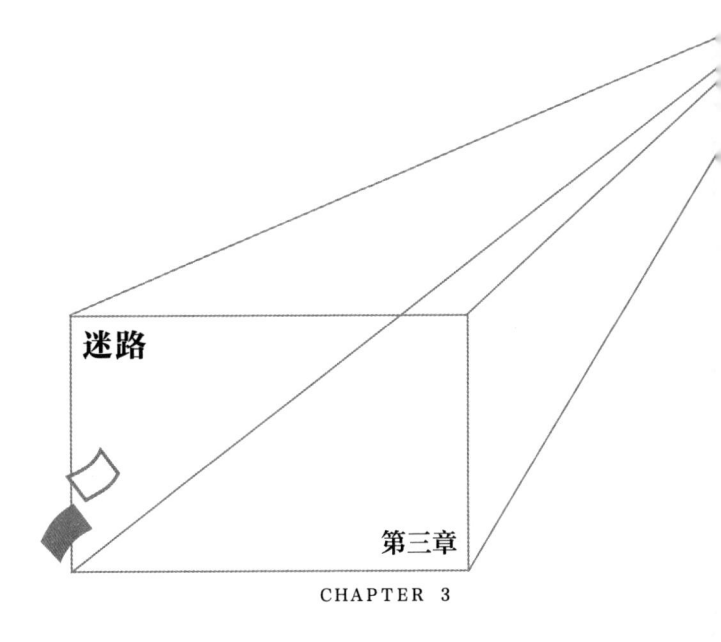

迷路

第三章

CHAPTER 3

师之大者

位于御茶水的京华中学在大地震时被烧光了。

我去看了遗迹,心里暗自高兴,这回可不得不延长暑假时间了。

我这么写,读者一定会觉得我这个家伙实在差劲。但一个成绩并不太优秀的中学生的想法确实如此。

我本来就直率得过了头。在学校里淘气,班主任问这是谁干的,我总是老老实实地举起手。于是,老师就在我的成绩表操行栏里画个零。后来,换了新班主任。我违反校规时,照旧老老实实地举手承认,可是新老师说老实承认就很好,在操行栏里给了我一百分。

我不知道哪位老师做得对,但是我喜欢那位给我一百分的老师。他就是说我的作文是京华中学创立以来最好的文章的小原要逸老师。

当时，京华中学毕业生报考帝国大学（现在的东京大学）的录取率极高，并且引以为豪。但是小原老师常常对学生们说："如果是私立大学，那就连妖怪也考得上。"现在的私立大学，妖怪是上不了的。不过，有钱也行。

我很喜欢教语文的小原老师，也喜欢教历史的岩松五良老师。

后来一位与我同班的朋友在同窗会会报上发表文章说，岩松先生特别喜欢我。

岩松老师实在是了不起。真正的好老师，并不摆为人之师的架子，岩松老师就是这样。他上课时，谁要是眼睛瞧别处或悄声说话，他就用粉笔砸谁，所以他的粉笔很快就用光。这样一来他就会说"没粉笔上不了课啦"，笑一笑便开始聊天。这种聊天却远比教科书内容丰富。他高超的教学本领在期末考试时更为突出。考试时，为了监视学生，各个教室都派与考试课程无关的老师监考，学生知道岩松老师分到自己的教室，就会立刻欢声四起。原因是岩松老师不会监视学生。

如果有学生为答不出题发愁，他就凑上去仔细地看那题，这时会出现这样的情况。

"你怎么啦？这个你都不会？记住，这个呀……"他认真地和那学生一同答题，最后说："你还没明白？笨蛋！"说着，他便把答案写在黑板上。"怎么样？这回该明白了吧？"这样一来，什么笨蛋都明白了。

我的数学很差，但遇上岩松老师监考时，我准会拿一百分。

有一次期末考历史，十个问题，全都是我答不出来的题目。

那次不是岩松老师监考，我一筹莫展。也算我的穷余之策吧，我只就第十题的"对三种神器①试述所感"，信笔写了三张答题纸。内容大致是这样的：关于三种神器，我听了许多传说，但从未亲眼见过，所以谈感想就未免强人所难了。以八咫镜为例，谁见过实物呢？实际物品也许是方的，也许是三角的。我只能说我亲眼见过的东西，只相信经过证明确实存在的东西，等等。

岩松老师判完分数后，发还试卷时大声说："这里有一份奇怪的答卷。他只回答了我出的十个题中的一个，可是答案很有趣。我第一次看到这样具有独立见解的答卷。写这份答卷的家伙有出息。给满分！黑泽！"说完，老师把那卷子递给了我。

同学们都瞧着我。我脸红了，动都不敢动。

从前的老师中，有许多具有自由精神、个性突出的人物。相比之下，如今的老师，职员式的太多了。确切地说，不

---

① 作为皇位的标志，由历代天皇继承的三种宝物，分别是八咫镜、天丛云剑、八尺琼勾玉。

是职员式老师太多，而是官僚式的老师太多了。接受这种人的教育，能有什么用呢？他们教的课干巴巴的，学生感到没趣，自然去看漫画了。

我小学时代就遇到了立川老师那样杰出的老师，中学时代有小原老师和岩松老师。这些老师理解我，为了让我发挥自己的个性，向我伸出温暖的手。我完全是他们一手培养起来的。

后来我进了电影界，山本先生（导演山本嘉次郎）堪称最好的老师，伊丹万作导演虽然没有直接指导过我，但我曾得到他热情的关怀和鼓舞。

我受到过出色的制片人森田信义的栽培，也曾受过约翰·福特的褒爱。除此之外，岛津保次郎、山中贞雄、沟口健二、小津安二郎、成濑巳喜男等著名导演，都是我尊之为师的人，我都得到过他们的爱护与关怀。每当我想到这些人，禁不住想高唱：

　　高山仰止
　　吾师之恩

但是，这些人如今都已不在人世了。

叛 逆

大地震之后,从中学二年级将近结束时开始,我成了桀骜不驯的淘气鬼。

京华中学校舍烧掉了,只好临时借用牛込区神乐坂附近的物理学校的校舍。这个学校当时只办夜校,白天校舍空着,但教室很少,我们同一年级的四个班全挤在大礼堂里一起上课。坐在礼堂后边的学生,离讲台很远,看过去老师显得很小,讲话也听不太清楚。

我的座位在后边,上课时不停地淘气。一年后,白山附近新建的校舍落成,但在大礼堂上课时养成的习惯,不仅没因迁进新校舍而有收敛,反而愈演愈烈了。

在物理学校上课时期,虽然也是淘气,但不过是简单的恶作剧。迁入新校舍后,就不那么简单了。上化学课时学过炸药的化学成分,我就在实验室里把炸药成分装满啤酒瓶子，放在讲台上。化学老师听说瓶里装的是什么，吓得面无人色，战战兢兢地捧着它扔进校园的水池里。那啤酒瓶大概直到今天依然睡在京华中学水池的池底吧。

我们班里有个同学是数学老师的儿子，但是他的数学很糟。数学考试前，我估计他父亲很可能把考题告诉了儿子，就召集同伙把那家伙引到学校后院，逼他一五一十地说出来。开头他不吐口，最后只好可怜巴巴地如实招供，把考题全都说了。这简直是天大的喜事，我就把考题告诉了全班同学。结果，这次考试大家全都得了满分。这样一来，那位老师当然觉得可疑，当下逼着儿子说出实情，儿子无奈只好实说，结果老师决定重考。这次老师的儿子不及格，我也没有及格。

还有一次是别人淘气了，照例说是我干的，我十分愤慨。为了泄愤，我穿着打棒球时穿的钉子鞋在礼堂桌子上乱跑乱跳。这次淘气淘得过了头，所以我坚决不说是自己干的，品行分数居然没有扣。后来我对此大吃一惊。

我在京华中学，植草圭之助在京华商业学校，两人很少见面。他的商业课是在中学课程结束之后才开始。

中学三年级时，有一天植草来找我。当时我正上课，他站在教室窗外，笑着向我摆摆手就走了。

可能植草遇到了什么重大问题。后来我听说他不读商业学校了。此后过了将近五年，我们俩才再次见面。

中学三年级快要结束时，中学也开始实行军训。我们学校派来的教官是现役陆军上尉。我和这位上尉的关系始终不洽，因为我干了这样一件事。

有一天，一位淘气的伙伴给我看一个罐头盒，里面装满了火药。那火药是把训练射击用的子弹弹头拔掉倒出来的。他说，把它砸一下，就会发出极大的响声，遗憾的是找不到那么大胆的人砸它。我说，你砸不就完了吗？他说，我也没那个胆子，黑泽，你砸一下怎么样？他这么一说，我要是发怵不干，面子上不大好看，便答应了。我把那罐头盒子放在校舍一楼楼梯前，找了块大石头上到二楼，照准那罐头盒子把石头扔了下去。轰然一声巨响。声音之可怕超过想象，撞在校舍混凝土的墙上发出巨大的回音。没等回音消失，那教官就脸色苍白地冲了出来。因为我不是士兵，他没动手揍我，可立刻把我带到校长室，狠狠地训了一顿。

第二天他把我父亲也叫去了。尽管我做好了最坏的思想准备，可结果居然没有被开除，大概是因为我父亲讲了他的军人历史。父亲去了一趟之后，这事就算了结了。后来父亲也没难为我。我记得，那上尉训斥我时，校长也在场，但并没有训斥我。

现在回想起来，可能由于当时不论父亲还是校长，对在学校实行军训都是持反对态度的吧。

大正、昭和时代的教育家与军人，大多和明治时代的教育家与军人的想法完全不同。军人出身、对社会主义不满的父亲，读了报道大杉荣①被暗杀的新闻，也曾十分愤慨地说："浑蛋！这是搞的什么鬼名堂！"

我和这位军事教官的关系，和小学时期与立川老师的后任老师的关系非常相似。

那上尉动不动把我这根本不够示范资格的人叫出来做示范动作，让我当众出丑，拿我取乐。我只好求救于父亲，请他在我的学生手册中写上：这孩子体弱，肺有病，望不要让他扛沉重的步枪。父亲这样做了，还盖上了印章，把手册交给了那位教官。他看后勉勉强强地答应下来，从此就再也没让我拿着枪走出队列，听他那"目标正前方——跪射"或"目标右前方——卧射"等口令的折磨。

不过，与我为敌的这家伙也很有办法。你说枪重，好，指挥刀轻吧，于是他让我参加排长训练。我喊口令，全班就得听我的。可我常常把口令弄颠倒，再不就是一时紧张喊不出来，出尽了洋相。班里的同学也以此取乐，即使口令没错，他们也故意做错动作；万一口令错了他们就大肆夸张，使动作错得更为离谱。比如，我下令"齐步——走"，本该扛起枪再走，可他们却拖着枪走。还有，队伍走到墙根了，仓促间我没有下转弯的口令，一急更喊不出来，他

---

① 大杉荣（1885－1923），日本思想家、社会活动家，无政府主义者，著有《自叙传》等作品。

们就开心地往墙上撞,或去踢墙。既然这样,我索性让他们折腾去。那教官对我叫嚷,我就装作没听见,不予理睬。同学们一看这局面更加高兴,他们忠实地执行口令,有的甚至开始爬墙,直到教官代我下口令他们才停止。

同学们如此恶作剧,并非羞辱我,而是嘲笑那教官。

一次,军训检阅官到校检阅我们的冲锋演习。我对同学们说:"咱们出出这位教官的洋相。距检阅官不远处有个水洼,你们好好听我口令,大家折腾一下。"大家都心领神会。

我下口令:"冲锋!"大家个个精神百倍地冲了出去,等他们跑到水洼前面,我下令:"卧倒!"他们都猛扑到水洼里。泥水四溅,个个都成了泥人。

这时我听到检阅官大声喊道:"够了!"我连忙看了看那位拘谨地站在检阅官身旁的教官,只见他呆站在那里,一副偷鸡不成蚀把米的表情。

我和这上尉的龃龉,一直持续到中学毕业。现在想来,可以说这是我在第二段叛逆期发生的事。我感到,自己从少年时代就开始产生的叛逆精神,全都集中地针对这位教官了。这样说是因为在我大致处于这一年龄段时,从来没有和我的亲属以及其他人对抗过,唯独对这位上尉,我的反叛态度十分坚决。

从京华毕业时,因军训不及格而没领到"士官适任证"的,只有我一个人。

我想到毕业典礼上我一定会被这个上尉逮住教训一通，索性就没去参加。

后来我去领毕业文凭，刚出校门，就发觉这个上尉似乎已候我多时。他瞪着眼睛追了上来，挡住我的去路，对我怒目而视，并大声地骂了一句："你小子是个不仁不义的家伙！"

他这一骂，我立即反唇相讥。我早就料到他会有这一招，所以早就准备好了回敬他的话："我已经从京华中学毕业了，你这个中学军训教官没有任何对我说话的权利和义务！我的话说完了！"

上尉的面孔像变色龙一样，一会儿青，一会儿紫。我把手里的文凭狠狠地揉成团朝他脸上砸去，转身便走。

过了一会儿，我回头看去，只见他木头似的仍站在街上瞪着我。

遥远的乡村

父亲的故乡是秋田县,我的老家便是秋田,因此我的名字被列入了秋田县同乡会的名册。而我的母亲是大阪人,我生于东京的大森,所以并没有把秋田当作故乡的观念。

本来日本国土就不大,我不懂有什么必要再用同乡会把它弄得更加窄小。

我不善于讲话,但到世界任何国家去都没有合不来的感觉,所以,我认为自己的故乡是地球。

假如全世界的人都能这么想,就会认识到现在世界上发生的你争我夺只是自相残杀,进而这种事也不会再发生了。但到了那时候,地球上的人也会逐渐认识到地球本位主义也是狭隘的观点。

人能把卫星送进宇宙,在精神层面却不会向上看,而是像野狗一样,只注意脚下,徘徊不已。

我的故乡地球将会变成什么样呢？

我父亲的故乡秋田县本是偏僻的乡村，而今也彻底变了。

父亲出生的乡村小镇上，有一条水流欢畅、水草摇曳的小河，而今，那小河里尽是人们扔的破碗碟、酒瓶、铁皮罐头盒、帆布鞋和破长筒胶靴等。

大自然很会装饰自己，她很少破坏自己的面貌。丑化大自然的，是人们丑恶的败德行为。

中学时代我曾去过秋田的这个偏僻乡村，那里的人们淳朴善良，大自然虽算不上风光明媚，但朴素的美随处可见。准确地说，我父亲出生的村庄是秋田县仙北郡丰川村。坐奥羽线的火车，在大曲换乘生保内线（现田泽湖线），到了角馆再走八公里就到了。

大曲前面是后三年站，换乘生保内线之后，第一站便是前九年站，这些站名实在奇怪得很（后者现已废止）。这是源于古代八幡太郎义家在附近发动的两次战斗，即前九年之役和后三年之役，这两个地方就是以此命名的。

从开往角馆的火车左侧车窗，可以看到如日本画一般的层峦叠嶂，据说其中有一座大山就是八幡太郎当年布阵之处。

从婴儿时期到现在这把年纪，我去过六次父亲出生的乡村。有两次是在中学时代，我记得有一次是中学三年级的时候，另一次是几年级就怎样也想不起来了。其间哪些事是哪次发生的,也模模糊糊无法区分了。我曾经仔细想过,为什么会这样?大概就是因为那时这个村庄根本没有任何变化。对,一定是这么回事!

这个村庄的房屋、道路、小河、树木、石头、花和草,我前后两次去时完全相同,所以记忆中自然就无从区别先后。

这个村里的人也像时间已停顿下来一样,毫无变化。总而言之,这是一个似乎被世界遗忘、日长如年、十分宁静的村庄。

这里很多人都没吃过炸肉排或咖喱饭,连小学老师也没到过东京。那位小学老师就曾经问我,到东京拜访人的时候该怎么寒暄。

这个村庄既没有卖牛奶糖的,也没有卖点心的,因为它没有一家商店。

我带着父亲的信造访一户人家,出来接待的老者问明我的来意后连忙跑了回去。随后一位老太太出来了,恭恭敬敬地把我让进客厅,等我背对壁龛坐好,然后告退。

过了一会儿,那老者穿着古式的礼服出来,在我面前伏身行礼,我递过父亲的那封信,他十分严肃恭谨地接了过去。

当天晚上我造访了另一家,这家也是把我让到上座。我入座之后,村里的老年人和大人才先后坐在四周,然后开宴。村里人争先恐后地把酒杯递给那些俏妆打扮、周旋于酒席间的村里的姑娘,并且不住地说:"给东京!"

"东京!"

"东京!"

我以为有什么事呢,可那些姑娘们接过酒杯之后,就到我这里来递给我。我接过杯她们就斟酒。

我从来没喝过酒,看着杯里的酒正发愁呢,另一个姑娘又递来酒杯。我闭着眼睛把酒喝下去。接过哪个姑娘的杯子,哪个姑娘就给我斟上。喝完这杯,还有姑娘伸过酒杯来。没有办法,我只好一饮而尽。

我眼前逐渐朦胧了。

"东京!"

"东京!"

喊声像空谷回音一样,愈来愈小,我的心跳得厉害,无论如何也坐不住了。我摇摇晃晃地站了起来,出门就跌进了稻田。

后来一问才知道,所谓"东京"就是给东京来的客人斟酒。

厚谊隆情,盛宴相待,不胜感激。但是让我这样的孩子喝那么多酒,也未免太过分了,可是据说这里甚至给婴儿酒喝。

这个村庄旁边有一块大石头,上面永远放着鲜花。凡是路过这里的孩子,都摘些野花放在石头上。我问那些孩子为什么这么做,他们都说不知道。

关于这件事,后来问了村里人我才明白。据说,戊辰之役时有许多人死在这里。村民哀怜死者,把他们埋葬在此,并把这块大石头放在墓穴上,然后为死者供上鲜花。从此,这个习惯一直传到现在,孩子们虽不明原因,但也这样做了。

村子里有一位非常怕打雷的老人,一打雷他就到一个吊在天棚上的大架子下面躲避雷声,坐着一动不动。

一次,我到一位农民家里,这家主人用大贝壳做锅,把酱和山蒜放在一起煮(此地称之为"贝烧"),用它做酒肴。这老人对我说:"住这样的茅草房,吃这种东西,你一定觉得没意思。可要知道,活着就是有意思的呀。"

总之,我中学时代所见所闻的这个村子,的确是令人吃惊地淳朴,令人哀怜地寂寞和荒凉。

现在,关于这个村子的回忆,就像从火车车窗眺望遥远的乡村一样,越来越小、越来越朦胧了。

山野武士

中学三年级的整个暑假,我就寄居在这个村的亲戚家里。

这是我伯父的家,伯父已去世,他的大儿子成了一家之主。他家的宅子在我祖父那一代卖给了本地的富豪,现在住的是从前的一座米仓。如今那宅基地上连块房基石也没有了,院子还残存着一些过去的痕迹。

这里有一条弯弯曲曲的小溪,流水从厨房里穿过去,和村街的小河相连。据说,从前在这个厨房里抓到过鲑鱼。厨房安水闸的地方就是洗槽,鲑鱼就曾游到过这里。

这幢曾经是米仓的房舍,椽子像普通房舍的柱子那么粗。顶梁柱和支撑檩的大梁无不粗而结实,柱子和柱与柱之间的拱全都泛着黑光。

把我这个中学三年级的学生寄养在这里,纯粹是父亲的主意,因为我身体太弱,想让我在这里好好锻炼。父亲在写给我堂兄的信里为我详细安排了锻炼课程，堂兄也严格遵照父亲提出的要求办事。这些锻炼项目，对我这个城市长大的人来说，是十分严酷的。

每天很早我就得起床，吃过早饭后，他就让我带上足够两个人吃两顿的米饭以及大酱、咸菜等，把这些统统装进一个大食盒，还要带上一口锅，仿佛要把我赶出家门似的催我上路。

大门外有一位本族的小学六年级学生在等我，这孩子每次都带一张捕鱼的大网和一杆长柄耙子。

总而言之，午饭和晚饭必须在外面吃。这就是告诉你，如果在咸菜之外还想吃点别的，就只有自己动手捕鱼了。

所谓长柄耙子，实际上是一杆圆木，顶端安着一块方形木板，用它推水，把鱼赶到大网里去。

陪我一起出去的小学生身体非常结实，他使起那耙子来灵活自如。可我拿起来一试，却感觉沉得吓人，再拿它赶鱼，简直就是一项相当累的重体力劳动了。

我可不愿意每顿饭净吃咸菜，所以不得不使那耙子赶鱼，那小学生只管下网，绝对不耍耙子赶鱼。我觉得简直是岂有此理，就把耙子捅给他说："你也赶！"他却说："不行啊，这是命令！"

我父亲的命令竟然灌到了这小鬼的脑袋里，我在惊叹之余也就无话可说了。

在外边吃午饭时，因为是夏季，一般总在凉爽的森林里吃。先埋上两根"丫"字形的树枝，架上横梁，再在梁上挂锅，拾来枯枝做柴。锅倒是铁打的，用这个锅来做"贝烧"。

鱼主要是鲫鱼和鲤鱼，有时加些山蒜或山菜。筷子是削了树枝做成的。这种饭菜出乎意料地好吃。

写文章当然要写"从来没有吃过这么好吃的东西"，但有些言过其实。尽管如此，那好吃的程度也确实非同寻常，和后来我热衷登山时，在山上吃的饭团的美味不分高低。

我们的晚饭常常在河边吃。

晚霞映红了西天，也映在河面上，在这样的河边吃晚饭，别有风味。吃罢晚饭，天全黑下来后我们就回家。

回到家洗澡时，我已经昏昏欲睡了。我在地炉旁喝过一杯茶就再也支持不住，立刻倒在床上。

除雨天外，整个暑假我每天都过着和山野武士一样的生活。

这期间，我感到捕鱼有趣，所以也就不觉得那耙子多么重了。我们渐渐往更远的地方走，跟我来的孩子开头有三四个，后来增加到五个。有一天，我们进了山，发现了瀑布。

这瀑布从一个露在外面的隧道式的岩洞里流出来，落到距地十米左右的水潭。这水潭像个不大的水池，水从水潭一角化为溪流流向山下。

我向同来的孩子们打听瀑布出口那个洞后面是什么样

的。他们说谁也没去看过,不知道。我说,我去看看。他们无不大吃一惊,异口同声地极力阻止我:"连大人都没去过,很危险!"

这样一来,我的犟脾气上来了,无论如何要去,于是不顾他们惊恐的劝阻,攀上岩石,钻进瀑布流水的洞中。

我用两手撑着洞的顶部,两腿跨在水上,脚蹬着左右两侧的石壁,朝着明亮的窗子般的流水入口处前进。支撑的手和蹬在洞壁上的脚接触到的全是湿滑的青苔,一不小心就会滑下去。

流水在洞里轰隆轰隆地响,但并不可怕。快到洞的另一端时,大概由于精神松懈,我手脚一滑,掉进了水里。

我根本没意识到自己是怎样穿过那岩洞的,只记得刹那之间我就被冲到瀑布的出口,仿佛骑着那瀑布似的掉进了水潭里。我游上岸,只见孩子们吓得脸色苍白,个个瞪大眼睛盯着我。

幸亏他们没问我那岩洞的后面是什么。我的确到了岩洞后面,但根本没来得及看。

此后我又干了一件蠢事,使本村的少年们更为吃惊。

从丰川到角馆的半路上,有条叫玉川的大河,河水有一处涌着很大的旋涡。本村的少年们在河里游泳时都怕这个地方,谁也不敢靠近。我知道后立刻犯了老毛病,非去试试不可。

当然，大家一听就吓得连忙阻止我。可是他们越阻止，我就越想跳进去试试。

最后，定好条件，少年们把他们的带子连接起来，一端绑住我的胸膛，万一出事就拉这带子。就这样，我跳进了旋涡。但是，这带子反倒碍了事。

我进中学后就在月岛学习观海流游泳法，曾经练习过在载重一千石粮的大船底下潜泳。

那时，发生过教练事先讲过的情况：我到达千石船中腰的时候，突然被船底紧紧吸住了。这种情况教练已经讲过，所以尽管我脊背被船底吸住，却并未手忙脚乱。我把身体一转，变成面朝船底，两手两脚猛推船底，倒爬似的从船底冲了出来。

因为我有这个经验，跳旋涡时就没把它放在心上。可是跳进旋涡之后，就立刻被它按到了河底。因为有钻千石船船底的经验，我不断地告诫自己：不能慌，不能慌，一定要从河底逃开。但是，绑在我胸部的带子被岸上的人们扯得紧紧的，我想动也动不了。

我慌了神，拼命挣扎，却仍然动不了。

这时，我只好被迫朝带子拉我的方向，从河底拼命地横爬过去，这样才离开了河底。我用脚蹬水而行，终于浮出水面。

本村的少年们这时真吓破了胆，个个都瞪大眼睛盯着我。

我敢冒这样的险，是有原因的。

我是被寄养在丰川村的，正如前面所提，只有下雨天才不会被赶出去。那真是晴耕雨读的生活，下雨天读读书，尽管也打开作业本子，但并不认真对待。

我读书的地方是一间有神龛的小屋。一天，我正在这里读书，堂兄走进来，从神龛下的小橱（也许是抽屉）里拿出黑泽家的家谱给我看。

最上面的一个名字是安倍贞任，这名字下面画着线，线下列着几个名字，第三个名字是黑泽尻三郎，这名字下边的线下列着许多人名，都是黑泽什么什么。据堂兄说，那位安倍贞任的第三子，叫黑泽尻三郎的，就是黑泽家的祖先。

黑泽尻三郎，我是第一次听到，但安倍贞任却是熟悉的。他是历史书上有名的平安时代中期的奥州武将，父名赖时，弟名宗任，因背叛朝命，与源赖义交战战败而死。这个人是个谋反者，又是战败而死的，这使我觉得遗憾。但是，安倍贞任既然是黑泽尻三郎之父，我觉得崇拜这样的祖先够气魄，不由得勇气大增，结果闹出了钻瀑布洞掉进瀑布潭、跳进大河的旋涡等诸多蠢事。

回想起来，我这脑袋实在不怎么聪明。不过，尽管干了一系列蠢事，这个暑假又是这样生活的，我这个安倍贞任后裔的身体却结实多了。

乡间九十

秋田的故事即将写完时,有一个人我无论如何也要写一写。

她是我父亲的姐姐,嫁给了秋田县大曲的富樫家。这户人家,就是那个让弁庆念化缘簿的富樫①的子孙。在大曲,她家尽管不大,但毕竟是有护墙围着的大户。她家的顶梁大柱是一个木雕的力士,上署"左甚五郎作"。常见的木雕工艺品都署着"左甚五郎作",但这个力士是否真是左甚五郎的作品就不得而知了。另外,听说富樫家有正宗②锻打的短刀,可是我没见过。

不仅房屋构造表现出这家人的门第,只从嫁到这家的

---

① 出自日本歌舞伎名作《劝进帐》,弁庆与富樫均为剧中主角。
② 冈崎正宗(生卒年不详),为日本镰仓时代的著名锻刀工匠,其作品一向被视为传世珍品。

姑妈的举止风度就可知道这家的气派。那真是凛然难犯、压倒一切的威严。

这位姑妈特别喜欢我，我也特别喜欢她。她来东京时，父亲总是隆重款待，以烤鳗鱼招待她。那时这种菜特别贵，我们难得吃一次。姑妈总是留出一半递给我，说"小明，给"。她去拜访哪家亲朋好友，我也总是跟着。

姑妈年纪已经相当大了，花白的短发、黑黑的牙齿[①]，完全是一副长者的风度。她外出时一定穿一件披风，两手放在袖子里。

这样写来，读者也许以为她是抄着手，举止粗俗，但并非如此。她把袖子甩上去，攥着袖子走路，就像仙鹤或鹭鸶张着翅膀飞一样。和她迎面相遇的人无不惊奇地看着她走过去。跟在她后面的我，既有些害臊，也有点扬扬得意。

姑妈走路时从不说话，到了她要去的那家门前，才回过头来把早已用纸包好的五十钱银币递给我，说声再见。那时的五十钱银币对孩子们来说可是一笔大财。但我不是为了银币才陪她去的，而是为了听她说"再见"这句特别有魅力的话，那声调使我感到难以言喻的温暖和亲切。

人们都说，从姑妈那时的健康状况来看，她可能活到一百一十岁。可居然有这样的混账医生，他说，如果姑妈

[①] 当时日本妇女仍以黑牙齿为美，用醋或茶泡铁片，以此浆染牙而成。

吃松树或别的什么树的根会更加长寿，所以净让她吃些奇奇怪怪的东西。结果，姑妈没活到九十岁就去世了。

姑妈快辞世时，父亲让我代表他去看望。那时姑妈安安静静地躺着，我坐在她的枕旁。她说："小明，辛苦了。你父亲呢？"

我说，父亲因事会晚到一会儿，然后退到给我安排的房间。但是我三番五次地被叫到她身边去。每次她都问："小明，你父亲还没来？"

我总觉得姑妈此刻好像歌舞伎《忠臣藏》中的力弥一样。父亲终于从东京赶来了，但此时我已动身回了东京。

几天后，姑妈去世了。

我无法原谅那个让姑妈吃奇奇怪怪东西的医生，真想抓一把松针揉成团塞进他的嘴里。

苗

一般说来，孩子就像温室中的小苗一样度过童年，尽管有时遭到从缝隙处吹来的风雨侵袭，但毕竟没有暴露在风雨之中。

我童年遭受的风吹雨打，只不过是一场地震而已。第一次世界大战、俄国革命、日本社会的动荡与变迁，都不过如温室外的风雨声。

但从中学毕业起，我就像从温室移栽到秧畦里的苗儿一样，开始承受人世间的风雨了。

大正十四年，我正读中学四年级，此时已经有了无线电广播，社会上发生的事，即使不愿听也不能充耳不闻了。前面我已提到，中学开始施行军训，也是从这时开始的。社会动荡不安，使人感到轻寒阵阵袭来。

现在回想起来，总觉得中学三年级暑假在秋田的农村生活是我少年时代最后的假期。这也是回忆引发的感伤吧。

我读中学四五年级时，有时间就摆弄矿石收音机。星期天借父亲的免费票（我不明白父亲为什么会有这种免费票）到目黑区看赛马。我从幼年就喜欢马，在这里我能待上一天。有时带上油画写生工具，到东京郊外画风景。总之，无忧无虑。

那时，我家从小石川搬到目黑，不久，又从目黑迁到了涩谷区的惠比寿。尽管每搬一次家住房就小一些，但我一直没有注意到这标志着家境正每况愈下。当然，中学毕业后，我之所以下决心要当一名画家，也是在考虑自己将来的生活。

喜欢书法的父亲，对绘画是理解的，所以不反对我想当画家的理想。他说，既然如此，就应该进美术学校。这是当时的父辈必然会说的话。

我对塞尚和梵高十分倾慕，认为上美术学校既是浪费也是一条弯路。况且报考这种学校，即使专业课合格，理论课我也没有合格的把握。

我终究报考了美术学校，但是没有考上。父亲大失所望。我当然十分难过，但这样一来，我倒能自由地学画了。至于安慰失望的父亲，我认为还有别的途径。

中学毕业第二年，十八岁时，我的作品入选旨在培育新人艺术家的画展——二科展。父亲当然很高兴。然而从此以后，我就踏进了风雪的迷途。

迷 路

在我十八岁这一年,也就是一九二八年,发生了一系列政治事件,第二年又爆发了世界性经济危机。这从根本上动摇了日本经济,不景气之风吹遍了全国,无产者运动日趋尖锐,无产者艺术运动也随之兴起。

另一方面,人们企图从经济恐慌的痛苦现实中逃避开来的倾向也逐渐激烈,因而出现了许许多多色情、荒诞和无聊的作品。

在这样的社会形势下,我无法静下心来面对画布作画。再者,画布、油彩价格无不昂贵,考虑到家庭经济情况,我不能要求家里给我买齐这些东西。

这样,我一面沉迷于绘画,一面贪婪地学习文学、戏剧、音乐和电影。

说起文学,那时正是"一元本"(一本一日元)出版热的时代，世界文学全集、日本文学全集泛滥，如果到旧书店买廉价品，五十钱或三十钱就能到手，我可以任意挑选。此时没有课程负担的我有足够的时间读书。

我不分外国文学还是日本文学，也不问古典或是现代，碰到什么就读什么。有时坐在桌前读，有时躺在床上读，连走路也边走边读。

戏剧方面，我看了话剧。使我最感惊讶的，是小山内薰主持的筑地小剧场的戏。

音乐方面，我常去喜欢音乐的朋友家里，在那里专听古典音乐唱片。我还常去近卫秀麿创办的新交响乐团，听他们排练。

当然，因为我有志未来做一个画家，所以不论日本画还是西洋画，我一概仔细观摩。当时很少出版画册，但已经出版的画册买得起的就买下来，买不起的就多跑几天书店，在那里看。

那时候买的画册和其他书一起，遭空袭时被烧毁了很多，现在手头还剩几本。这些画册书脊已经破了，封面脱落，书页也散了，而且沾满了手垢，还有非常明显的被油彩弄脏了的手指的指痕。现在重看这些画册，仍能唤起我当时的那种感动。

我对电影也十分倾心。

那时，离家在外租房而且屡屡搬家的哥哥，正沉迷于俄语文学，同时以各种笔名向介绍电影的刊物投稿，对第一次世界大战后大大发展的外国电影的艺术性加以重点评论。不论在文学方面还是电影方面，我远不如哥哥见多识广。

特别是电影，我如饥似渴地看哥哥推荐的作品。在我读小学时，为了看哥哥说的好影片，我们甚至会徒步走到浅草。

那时看的影片如今已不记得了，只记得我们去的影院是歌剧院，到那里等夜间的减价票，在卖票处前排队，回来后哥哥还挨了父亲的训斥。

现在回忆那些影片名，竟发现我看的全是电影史上的名片。这些，都是哥哥教导的结果。

年份	年龄	作品（导演）
1919 年	9 岁	《卡里加里博士的小屋》（罗伯特·维内）、《杜巴里夫人》（刘别谦）、《从军记》（卓别林）、《男人与女人》（塞西尔·戴米尔）、《残花泪》（格里菲斯）
1920 年	10 岁	《从清晨到午夜》（卡尔·海因茨·马丁）、《野猫》（刘别谦）、《幽灵马车》（斯约斯特洛姆）、《最后一个莫希干人》（莫里斯·图纳尔）、《诙谐曲》（弗兰克·鲍沙其）、《光明面》（卓别林）

1921年	11岁	《赖婚》（格里菲斯）、《寻子遇仙记》（卓别林）、《三剑客》（弗雷德·尼勃罗）、《风暴之乡的苔丝》（罗伯逊）、《越过山丘去救济院》（哈里·米勒德）、《启示录四骑士》（雷克斯·英格拉姆）、《愚人的天堂》（塞西尔·戴米尔）
1922年	12岁	《玩家马布斯博士》（弗里茨·朗）、《法老王的妻子》（刘别谦）、《小公子特洛男爵》（阿尔弗雷德·格林）、《血与砂》（弗雷德·尼勃罗）、《罗宫秘史》（雷克斯·英格拉姆）、《发薪日》（卓别林）、《情场现形记》（施特罗海姆）、《暴风雨中的孤儿》（格里菲斯）、《一笑而过》（西德尼·富兰克林）
1923年	13岁	《朝圣者》（卓别林）、《巴格达大盗》（沃尔什）、《铁路的白蔷薇》（阿贝尔·冈斯）、《来自家乡的人》（菲兹莫里斯）、《篷车队》（詹姆斯·克鲁兹）、《基恩》（沃尔科夫）、《巴黎一妇人》（卓别林）、《大鼻子情圣》（吉尼那）、《回忆》（汉斯·贝伦德）、《如果冬天来临》（哈里·米勒德）

1924年	14岁	《铁骑》(约翰·福特)、《挨了耳光的男人》(斯约斯特洛姆)、《怪物陈列室》(卡特兰)、《通向力与美之路》(普拉格)、《尼伯龙根之歌Ⅱ：克里姆希尔德的复仇》(弗里茨·朗)、《回转姻缘》(刘别谦)、《百老汇天黑后》(贝尔)
1925年	15岁	《淘金记》(卓别林)、《房屋的主人》(德莱叶)、《孩子的面孔》(费代尔)、《消失的美国人》(塞兹)、《已故的帕斯卡尔》(莱赫比埃)、《万世流芳》(赫伯特·布雷农)、《贪婪》《风流寡妇》(施特罗海姆)、《少奶奶的扇子》(刘别谦)、《战地之花》(金·维多)、《求救的人们》(斯登堡)、《最卑贱的人》(茂瑙)、《没有欢乐的街》(帕布斯特)、《娜娜》(雷诺阿)、《杂耍班》(杜邦)
1926年	16岁	《三个坏人》(约翰·福特)、《麻雀》(威廉·博丁)、《记忆的小巷》(约翰·斯塔尔)、《笙歌满巴黎》(刘别谦)、《野鸭》(皮克)、《塔度夫》《浮士德》(茂瑙)、《大都会》(弗里茨·朗)、《战

		舰波将金号》(爱森斯坦)、《母亲》(普多夫金)
1927年	17岁	《七重天》(弗兰克·鲍沙其)、《翼》(韦尔曼)、《帝国饭店》(莫里兹·斯蒂勒)、《铁网锁情关》(罗兰·V.李)、《下层社会》(斯登堡)、《日出》(茂瑙)、喜剧片(哈罗德·劳埃德、巴斯特·基顿、哈里·兰登、华莱士·比里、雷蒙德·哈顿、切斯特·康克林、罗斯科·阿巴克尔、西德尼·卓别林等人主演的片子)、《忠次旅日记》(伊藤大辅)
1928年	18岁	《纽约码头》(斯登堡)、《黛莱丝·拉甘》(费代尔)、《成吉思汗的后代》(普多夫金)、《结婚进行曲》(施特罗海姆)、《卖火柴的小女孩》(雷诺阿)、《凡尔登,历史的幻影》(普雷让)、《厄舍古厦的倒塌》(爱泼斯坦)、《圣女贞德蒙难记》(德莱叶)、先锋派电影《灯塔守护者》(格莱米永)、《贝壳与僧侣》(杜拉克)、《新版大冈政谈》(伊藤大辅)、《浪人街》(牧

		野正博）
1929年	19岁	《蕾娜·史密斯案件》（斯登堡）、《土西铁路》（图林）、《旧与新》（爱森斯坦）、《柏油路》（乔·梅依）、《潘多拉的魔盒》（帕布斯特）、先锋派电影《一条安达鲁狗》(布纽埃尔)、《海星》（曼·雷伊）、《时光流逝》（卡瓦尔康蒂）、《断头台》（牧野正博）、《灰烬》（村田实）

我十九岁时（一九二九年），虽然对动荡的世界漠不关心，可并不满足于埋头画我的静物画和风景画，所以决心参加无产者美术同盟。我把这事和哥哥一谈，他笑着说："也好嘛，可当前日本的无产者运动，就像流行性感冒，热度很快就会退的呀。"我对哥哥这句话颇为反感。

那时，他专给电影院写剧情解说，不过是从一个电影爱好者前进了一步，刚开始担任无声电影的解说人。

当时，以德川梦声为首的电影解说人，有和旧电影解说人完全不同的主张。他们以外国电影出色的解说人、出色的演出者自居，开始自己的活动。哥哥对德川的主张十分赞同，因而走上了这条道路。他担任了一家三流影院——中野电影院的主任解说人一职。

我认为哥哥此时是个庸俗的成功者,所以只把他的话当作肤浅之见。但结果正如他所料。

然而这件事使我非常不甘心,这成了我艰苦奋斗数年的动力。

我贪婪地往头脑里灌输美术、文学、戏剧、音乐和电影方面的知识。为了自己有个用武之地,我一直彷徨不已。

和战争无关

一九三〇年,我年满二十岁,收到了征兵检查令。检查地点在牛込区的小学。

侥幸的是,当时的征兵司令官是父亲的学生。我站在那位司令官面前,他问我:"你是那位从陆军户山学校毕业、曾任陆军教官的黑泽勇阁下的儿子吗?"

我:"是!"

司令:"令尊大人还好吗?"

我:"很好!"

司令:"我是令尊的学生,请替我问候令尊。"

我:"是!"

司令:"你的志向是什么?"

我:"画家。"(我可没说我参加了无产者美术同盟。)

司令:"嗯,不当军人也能够为国效力。好好干吧。"

我:"是!"

司令:"看起来,你身体虚弱,姿势也不好。做体操吧,这种体操有助于伸长脊背,端正姿势。"

这位司令说着就起身离座,做了许多节体操给我看。那时我大概看起来很虚弱,但也许是这位司令坐得太久了,为了活动活动身体才示范给我看的。

最后,我被叫到面前摆着文件的特务曹长那里。他仔细看了看我,然后说:"你和兵役无关了。"

事实果然如他所说。直到日本战败,我连检阅点名都没参加过。

当上导演之后,我只参加过一次简单的点名,那是美军空袭东京,把它烧成废墟的时候。参加点名的人,几乎都是身体有病或者精神不健全的人。

那时,点完名后要检查奉公袋(入伍时装必需物品的口袋),那位检查我的检查官说:"这人的奉公袋满分!"

我想,当然满分,这袋子是我那当过兵的副导演给我做的嘛。我只想着这些,却忘了敬礼。那检查官小声对我说:"敬礼!敬礼!"

我急忙敬了个礼。检查官答了礼,然后轮到下一个人。

我想,检查官给我打了满分,而我却忘了敬礼,这不大合适吧。

我正这样想着,突然听到身后的检查官大声喊起来:"你这奉公袋怎么啦？"

我斜眼一看，只见检查官正狠狠瞪着一个被检查的人。

那人的奉公袋好像是用针织的破裤衩做的，一抽紧就成了一个大疙瘩，掖在屁股后面活像个兔子尾巴。他茫然地望着检查官问道："您问奉公袋怎么啦？"

站在检查官身后的宪兵蹿出来把那人狠揍了一顿。

这时，恰巧空袭警报的警笛响了。随后，美军开始了对横滨的狂轰滥炸。

我和兵役有关的经历只有这么一小段。我想，如果我被征去当了兵，结果会如何呢？

中学军训我不及格，没有士官证，像我这样的人进了军队绝不会有好下场。万一碰上那位军训教官，可就没命了。现在想起这些还令人毛骨悚然。

没有出现这种局面，多亏了那位征兵司令，也许说多亏了父亲更合适。

懦弱与渺小

一九二八年，我开始出入位于丰岛区椎名町的无产者美术研究所，还在这个所新办的展览会上展出了我的绘画和招贴画等作品。

无产者美术同盟标榜的现实主义，与其说是现实主义，倒不如说更近于自然主义。我认为，它距离库尔贝的现实主义的犀利程度还差得很远。

这里有才能出众的画家，但总体来说，这个艺术运动还谈不上注重绘画的本质，而是倾向于以并未很好消化的政治理论为指导来绘画，我对此持怀疑态度，因而渐渐失去了绘画的热情。

这样的日子里，有一天我在代代木车站站台上意外地遇见了植草圭之助。那时我们谈了些什么，现在已经记不得了，我大概正为自己的问题苦恼，所以心不在焉。植草也一样。

即使他听说我已参加无产者美术运动,成了文学同盟的一员,似乎也漠不关心,只是随口答应而已。

后来,我对无产者美术运动感到厌倦,转而参加了无产者的非法政治活动。

当时,《无产者新闻》已转入地下,报纸名也改为罗马字拼音,印在做衬底的花纹之中。我成了这个机构下属组织中的一员。当时,如果参加非法的政治活动,说不定什么时候就会遭到警察逮捕。至于拘留所,我在做无产者美术研究员时已经历过了,如果再次被捕,绝不会被轻易放过。记得那次被捕之后,父亲来探望过我。一想起父亲的表情,我心里就十分难过。

一开始,我只说到哥哥家去暂住几天就离开了家,此后屡换住处,有时住在支持者的家里。开头我担任街头联络员。政府的镇压手段非常残酷,和我联系的人常常不能如约出现,或是因为遭到检举,从此再不能来。

一个雪天,我按照指定地点,来到驹込车站附近的一家咖啡馆。我刚推开门,不由得大吃一惊。咖啡馆里有五六个汉子,一见我就立刻站了起来。我一看便知道,这是特高刑警[①]。这些家伙的脸上有个共同的特征,就是爬行动物的表情。

---

① 特别高等警察的略称。战前日本为压制反对天皇政府的思想、言论、行为而设立的秘密警察。

这些家伙站起来和我拔脚就跑,几乎是同一瞬间的事。

我每次去联络地点之前,为防万一,总是先把逃脱的路线研究好。这个方法此时起了作用。我跑得并不快,但好在我年轻,又是按照已看好的路线跑,一下子就把他们摆脱了。

还有过这么一件事:我被一个宪兵抓住了,他还没有搜我的身时,我说去趟厕所,他领我去了,还把门给我关上。我赶快在厕所里把携带的联络文件吃进肚里。结果,他很快就把我放了。这件事使我尝到冒险的滋味,觉得很有趣。换穿各式各样的服装、戴上眼镜乔装打扮也很有趣。遭检举的人越来越多,《无产者新闻》人手不足,我这参加不久的人没多长时间就做了助理编辑。当时的总编辑跟我说:"原来你不是共产党员啊。"

事实就是如此。

我读了《资本论》和《唯物史观》,但是不懂的地方很多,所以如果让我站在《资本论》和《唯物史观》的立场上分析和解释日本的社会,那就太勉强了。

我只是模模糊糊地对日本社会感到不满和憎恶,只是为了反抗它才参加了这具有反抗性的运动。

现在想起来,那是十分轻率的,而且是蛮干行动。但是,这条路我一直走到一九三二年春天。

我记得,那年冬天特别冷,发给我的活动经费少得可怜,而且还常常中断,所以一天只吃一顿饭的时候很多,甚至有时都吃不上饭。住处连个火也没有,要睡觉的时候,我只好到澡堂把身子泡热了再睡。

那时一个工人出身、和我经常联系的联络员跟我说,他把预定下次能领到活动经费的日子计算好,再把给他的活动经费按天数平分,每份就是一天的饭钱。然而我却难以照办,为了填饱肚子,钱花得毫无计划。把钱花光而又没有非办不可的事时,我就躺在被窝里忍受着饥寒。当发行工作处于困难阶段时,这种忍饥抗寒的日子就少不了。还有一条路,就是到哥哥那里求助。但他曾说过"你的热度也会很快就降下来",所以我这个生性倔强的人是不会去求他的。

那时,我住在水道桥附近一家麻将馆的二楼,一间四叠①宽窄的屋子,终年不见阳光,光线十分昏暗。有一次我得了感冒,发高烧,动也不能动。烧得神志不清,总能听到楼下洗牌的声音,那声音时近时远,时大时小。我听着这种声音迷迷糊糊地过了两天。房东老爹因为两天没见我露面,颇感奇怪,就来到楼上。他一进我这充满汗臭味儿的房间,看到我憔悴至极的面孔,吃了一惊,说:"我马上请医生来。"可我坚决反对,说:"没什么大不了的。"

---

① 日本计量房屋面积的单位,1 叠约为 1.62 平方米。

我不确定这场感冒是不是真的没什么大不了，可我知道医生一来可就不得了了，因为我身无分文。

房东老爹下楼去了，过了一阵，他的女儿给我端来了粥。此后她一天给我送三次粥，一直到我病愈。

那是一位什么样的姑娘呢？我现在想不起来了。但是她的情义我永远难忘。

卧病期间，我就和《无产者新闻》的伙伴们断了联系。那时，我们对顺藤摸瓜式的检举十分警惕，彼此都不把住址告诉对方，只有见了面才定下次再见的地点，所以联系一断就毫无办法了。

如果想取得联系，还是能想出办法来，但那时我刚病愈，身体十分虚弱，也没有这份气力。

老实说，我是以联系不上为借口，想从艰苦的非法政治活动旋涡中逃脱出来。谈不上对左翼运动热度消失，因为我的热度本来就不高。

大病初愈后，我拖着两条晃晃悠悠的腿，从我中学低年级时常常走过的路来到水道桥，从这里走向御茶水，过了御茶水，上了圣桥。

过了圣桥，走下左边的坡道，朝须田町的方向拐过去。这里有一个叫"电影宫"的电影院。我从登在报纸上的电影宫广告中看到过哥哥的名字。

我曾经登上过弯弯曲曲的坡道，而今我又要走下坡道回到哥哥那里。

　　写到这里,我想起中村草田男的诗句:

　　　　回首柳暗花明引泣,但慨初生牛犊无惧。

旧日小街

从牛込区神乐坂朝矢来町方向去的一角,有一条仿佛江户时代遗留下来的、至今毫无变化的小街。小街上有三栋长排房,虽然换上了带玻璃的门,然而其余都还是老样子。哥哥就住在这里,他的家里,还有和他同居的女人以及那女人的母亲。

刚病愈的我又贸然闯了进来。

我到电影宫后台去找哥哥的时候,他大为吃惊地看着我,说:"小明,怎么啦?病啦?"

我摇摇头。"只是有点累。"

哥哥耸耸肩膀。"不是有点吧。好,到我那儿去。"

就这样,我住到哥哥那里了。虽然一个月后我搬到了附近的住处,但除了在那里睡觉外,其余时间全都在哥哥家里。我曾跟父亲说,离家后我就住在哥哥家里,而今这番谎话竟成了真。

哥哥住的长排房以及这里的小巷,那气氛和落语里提到的江户的长排房完全一样。这里没有自来水,只有古老的水井和井台,住户好像全是东京大地震时幸存下来的人。在这些人心目中,哥哥好像流浪武士,很像讲谈中的堀部安兵卫,所以被大家另眼相看。

哥哥家的格局是这样的:一个宽宽的门厅,进门就是一个两叠大的房间,再往里是六叠大的屋子,此外就是厨房和厕所,空间并不宽绰。

起初我百思莫解,凭哥哥的收入,大可不必住在这种地方,然而过了许久我才懂得,这里的生活别有一种情趣。

住在这里的大多是土木建筑工人,而且看起来,无固定职业的人占大多数。但是大家都很讲义气,互相依靠,团结一致。他们生活清苦,日子却过得很快活,充满了诙谐和幽默。

连小孩子都会说:"爸爸,你昨天晚上卡在哪儿啦?妈妈可吃醋了。"

大人们的交谈竟然是这样的:"今儿早晨我在门口晒太阳,隔壁扔出来一个被卷儿,一下子掉到我眼前。我一看,隔壁男当家的从被卷儿里爬了出来。你说隔壁这位女当家的够厉害的吧。"

"瞧你说的,人家那是爱嘛。用被子裹起来往外扔,是怕伤着她男人。"

还有人在本来就够狭窄的屋子里弄个阁楼出租。有个卖鱼的年轻小贩就租了这么一间阁楼住。这汉子每天一大清早就带个铁皮箱上鱼市去卖鱼。他拼命地干活儿，每个月一定穿上漂亮衣裳嫖一次女人，以此为乐。

总而言之，这里的生活对我来说非常新奇，就像看式亭三马或山东京传的滑稽小说一样有趣，同时也是一种很好的学习。因为这里的老人大概是在神乐坂的曲艺场里看管观众脱的鞋，或者是在电影院当杂役，所以他们很容易弄到额外收入，私制类似曲艺场或电影院的定期票，然后以便宜价格租给附近的人们。

我住在这里的时候，利用这种票，白天晚上净跑电影院或曲艺场。

那时，神乐坂有两家影院，一家是放映西洋片的牛込馆，一家是放映日本片的文明馆。曲艺场有神乐坂演舞场，此外还有两处，只是我现在已把名字忘了。

我不仅在这两家影院看电影，哥哥介绍的好影片在别的影院放映时，我也到那里去看。但能充分品味出曲艺场艺人的技艺之精妙，则是拜这段在神乐坂附近长排房的生活所赐。

落语、讲谈、音曲、浪花节，这些为民众喜闻乐见的曲艺，对我后来的电影创作起到了难以估量的作用，这是我做梦也没有想到的。当时我只是随随便便地欣赏而已。而且，在这期间，我除了领略到著名艺人的艺术技巧之外，还接触了许许多多助兴艺人的技艺。他们常常借曲艺场一席之地，展示自己的艺术才能。

直到现在我还不能忘记一位助兴艺人表演的《糊涂虫的傍晚》。

那是一出哑剧，说的是天色已近傍晚，一个糊涂虫茫然伫立，望着通红的晚霞和归巢的乌鸦。表演者表现出人物形象的滑稽可笑，也使人感到那景色的苍凉和人物内心的凄楚，总之，把情和景全部呈现到了观众面前。我对这位表演者的演技不胜惊叹。

另外，这个时期的电影已经进入有声时代，我把至今印象仍然深刻的作品列出如下：

《西线无战事》（迈尔斯通）、《西线战场1918》（帕布斯特）、《最后的堡垒》（伯恩哈特）、《地狱英雄》（惠勒）、《巴黎屋檐下》（克莱尔）、《蓝天使》（斯登堡）、《犯罪的都市》（迈尔斯通）、《公寓街谈》（金·维多）、《摩洛哥》《羞辱》（斯登堡）、《城市之光》（卓别林）、《三便士歌剧》（帕布斯特）、《会议在跳舞》（沙雷）。

有声影片的出现，宣告无声影片时代结束了。对无声影片来说，必不可少的解说人的存在受到了威胁。就在这个时期，哥哥的生活受到了深刻的影响。

不过，哥哥在浅草区的一流电影院——大胜馆当主任解说人的工作却未受什么影响，所以我也就继续舒舒服服地过我的长排房生活。

就在这期间，我渐渐注意到，住在这长排房的人们尽管性格开朗，说话诙谐幽默，但还掩盖着阴森可怕、极其黑暗的另一面。

这阴暗的另一面，也许无处不在，也许它就是人们生活中本来就存在的另一面。天真的我第一次看到了通常被人们遮掩起来的另一面，这不能不引起我深深的思考。

比如，有一个老人强奸了自己年幼的孙女；一个女人每天晚上疯疯癫癫地说要自杀，吵得大家不得安宁，一天晚上她想在房檐下上吊，被大家狠狠嘲笑和揶揄了一通，结果跳井而死；还有一位继母虐待丈夫与前妻的孩子，这和古老的故事一模一样，令人惨不忍闻。我这里只把这些事例写出来，其余略而不谈，请大家原谅。

> 后娘用艾苦我身，
> 我为后娘买大艾，
> 为讨她欢心。

这是古典川柳①中的名句。古老的故事中常有描写后

---

① 日本俳句的一种形式。

娘虐待前房子女的。继母对毫无过错的孩子横加摧残，把点着的艾绒绑在孩子身上烤。但是孩子为了讨后娘的欢心，还得为后娘去买折磨自己的艾绒，而且还要大的，可以想象出那孩子是多么凄惨。这首俳句深深地揭露了后娘虐待前房孩子的罪孽。

继母为什么虐待前房孩子？如果说出于憎恨丈夫的前妻而虐待其子，这是没有道理的。我认为这完全出于愚昧。愚昧是人的疯狂病症之一，以虐待没有反抗能力的孩子或小动物为乐的人，纯粹是疯子。然而这类疯子并不认为这是犯罪，却认为是理所当然，所以难以对付。

有一天，我在哥哥家里待着，住在同一长排房的一位主妇哭着跑进来，她两手紧紧捂着前胸，双肩一耸一耸地哭得十分伤心。

我一问，原来是她隔壁那家的主妇又在折磨前房的孩子了。因为孩子哭得很厉害，她就从旁边的厨房小窗望去。只见那家后娘把孩子绑在柱子上，孩子肚子上拴着一个很大的点燃的艾绒卷。跑来的主妇还想跟我说什么，可望了望门口又突然噤口不语了。此时，一位略施粉黛的女人正经过我门口，颇有礼貌地向门里打了个招呼就朝大街走去。邻妇目送那女人的背影，骂了一句畜生，狠狠地说，刚才面孔还像个女鬼一般，可立刻又成了这副模样。原来，方才从门前走过的，就是那个虐待前房孩子的后娘。这实在是个令人捉摸不透的人。邻妇跟我说：明先生，趁她不在，把那孩子救下来吧。经她劝说，再加上哥哥上班不在家，我就迷迷糊糊地跟她去了。果然，朝那家的窗户一望，只见一个女孩被人用男士腰带绑在柱子上。我从开着的窗户跳了进去，像个小偷似的溜进了那户人家，给那女孩解开了带子。

那女孩却翻着白眼瞪着我，恶言叫道："你干什么！简直是多管闲事！"

我吃了一惊，目不转睛地盯着她。她说："我挨绑倒好，不然更受折磨。"我仿佛挨了个嘴巴。

我能解开绑她的带子，然而无法把她从捆绑她的境遇中救出。

对这个孩子来说，人们的同情是毫无意义的。那种温情反倒给她招来更多麻烦。

"你快把我绑上！"她恶狠狠地对我说。

我只好把她重新捆绑起来。简直狼狈透了。

死

既然写了惹人心烦的事,索性把本来不愿意写的也写出来吧。

这就是我哥哥的死。

写他,我心里很难过。但是如果跳过此节,就无法继续写别的,只好写出来。

看到长排房生活的阴暗面之后,我忽然想回家了。

那时,欧美影片已经完全有声化了,专门放映外国影片的影院不再需要影片解说,影院业主们提出解雇全部解说人。解说人举行了罢工,哥哥担任罢工委员会的主席,但他很是为此苦恼。我仰赖如此境遇的哥哥过日子,心里也着实痛苦。因此,我回到了阔别许久的家。

父母亲根本不知道我是走过了什么样的道路才回来的,似乎我只是长期出外写生一样。

父亲想问问我画了些什么，我无言以对，除了随机应变，用谎言搪塞之外也别无他法。看到一直期望我成为画家的父亲，我就决心从头做起，开始画素描。

我本来想画油画，但想到在森村小学当教师的大姐姐以她的全部收入支撑一家生活的经济状况，就不能再提出买油彩和画布的要求了。

有一天，哥哥自杀未遂的消息传来，我以为这是当了罢工委员会主席，处于无法摆脱的痛苦之中，才导致他顿生轻生之念。

哥哥曾经考虑到随着有声电影技术的发展，取消电影解说人理所当然，失败也是意料之中的。不得不干的罢工委员会主席的处境是多么痛苦，也不难想象。

为了幸存下来的哥哥，也由于这一事件给我们家投下的阴影，我衷心盼望出现一桩喜庆事。因此，我曾经考虑过让哥哥和他那同居的女人正式结婚。这个女人，就人品来说是没得说的，在将近一年时间里，我承她照顾，并由衷地把她当作嫂嫂看待。因此，我觉得自己应该把这事办成。

父亲、母亲及姐姐也没有表示反对。出乎意料的是，哥哥却没有明确表态。我把这简单地理解为他目前正失业的缘故。

有一天母亲问我："丙午①不要紧吧？"

"您指什么？"

"这还用问……丙午不是常提吗？三十岁之前死掉……"

不错，是有这么回事。

哥哥以前常说："我要在三十岁之前死掉，人一过三十岁就只能变得丑恶。"这话他几乎像口头禅似的不离嘴。哥哥对俄语文学心悦诚服，特别把阿尔志跋绥夫的《绝境》推崇为世界最高水平的文学，总是放在手头。哥哥预告自杀的话，我认为是他被《绝境》主人公纳乌莫夫所说的奇怪的死的福音所迷惑而说出的，不过是文学青年夸大的感慨而已。

所以，我对母亲的担心竟然付之一笑。

"越是动不动就提死的人越死不了。"我用这样极其浅薄的话回答了她。

我说这话之后几个月，哥哥就死了。

果然就像他自己常常说的，他在三十岁之前的二十七岁自杀身亡。

哥哥在自杀三天前请我吃了顿饭。

奇怪的是，我怎么也想不起这顿饭是在哪里吃的，大概是哥哥的死给我的冲击太大了。那天和哥哥的诀别我记

―――――――――
① 哥哥的名字。

得清清楚楚，此外的事却无论如何也想不起来了。

我和哥哥是在新大久保站分手的。哥哥说，你坐出租车回家吧，说完就走上车站的台阶。于是我坐上了出租车。

车刚要开走，哥哥又从台阶上跑下来把车叫住。我下车，站在他面前问："什么事？"

哥哥目不转睛地看了我一阵，说："没什么，好啦！"

说完他又走上了台阶。

等我再次看到哥哥的时候，那已是沾满血迹的床单蒙着的尸体了。

他是在伊豆温泉旅馆的一间厢房里自杀的。站在那房门口看到死去的哥哥时，我一动也不能动了。

和父亲一起去认领哥哥遗体的亲戚愤怒地冲我喊："小明，干什么哪！"

问我干什么？我是在看再也不能见面的哥哥。

我在看骨肉至亲的哥哥，同一血脉的哥哥，这同一血脉的鲜血仍然流淌不止的哥哥，而且对我来说无可取代、永远尊敬的哥哥！

还问我干什么哪？他妈的！

"小明，帮一把！"父亲小声对我说。

然后他开始用床单包裹哥哥的遗体。

我被父亲所感动。这时，我才能好不容易抬脚进了屋子。

把哥哥的遗体放进从东京雇来的汽车时，尸体低声呻吟了一下。大概是双腿屈着抵在胸部,把胸部的空气挤出来的缘故吧。

司机吓得发抖,即使去火葬场把哥哥火化之后返回东京的路上,他也发狂似的开快车,结果走错了路。

哥哥自杀了,但母亲始终没有掉一滴泪,只是平平静静地承受着这份痛苦。母亲虽没表现出谴责我的意思,但是我从她那神态上完全懂得了,因而心里更加痛楚。

母亲为哥哥担心,向我倾诉的时候,我竟以极不负责、非常轻率的态度对待,怎能不深感内疚呢?

"你说些什么呀!"母亲只说了这么一句。

我看到已死的哥哥而动弹不得的时候,那位亲戚曾经呵斥我:"干什么哪!"对他,我能责怪他吗?

对母亲,我说了些什么?

对哥哥,我又说了些什么呢?

我是一个不折不扣的笨蛋。

底片与正片

假如……

直到现在我还常常这么想。

假如哥哥不自杀,跟我一样进了电影界……

哥哥在电影方面的修为,可以说是很高的。另一方面,他在电影界也有不少知己,再加上年轻,只要他想干,在这个领域一定会成名。

然而不论别人怎么说,都没能改变他的主意。

从小学时代起,他就称得上出类拔萃的天才,但在报考东京府立一中名落孙山之后,厌世哲学就占据了他那聪明的头脑。当他碰上了《绝境》中纳乌莫夫这个文学形象时,主人公那种人生一切努力都是虚空、无非是在坟墓上跳舞的虚无精神,就更加巩固了他的厌世哲学。

而且,万事皆有洁癖的哥哥,自己说过的话决不会不算数。也可能是由于他看出自己已浑身沾满尘埃，正渐渐地走向丑恶的道路。

后来我进了电影界，担任《课堂作文》（山本嘉次郎导演）的第一副导演时，主演此片的德川梦声仔细地看了看我，说："你和你哥哥的模样完全一样。不过，你哥哥是底片，你是正片。"

我把德川的话理解为，正是有你的哥哥，所以才有你这样的弟弟。可是后来据他说，他那话的意思是，哥哥容貌和我一样，但脸上有股阴郁之气，性格上也是如此，我呢，不论表情和性格，都是明朗的、阳性的。

植草圭之助也说我的性格与向日葵相似，有向光性。所以，我以为德川的话是对的。但我认为正是有我哥哥这样的底片，正是有他的栽培，才有了我这样的正片。

危险的拐角

第四章

CHAPTER 4

危险的拐角

哥哥去世那年我二十三岁。

踏进电影界那年我二十六岁。

这三年期间,我家没有什么值得一提的事,只是哥哥自杀之后不久,又接到了久已不通音信的长兄病故的讣告。这样,我家的小辈之中只剩下我这唯一的男人了。因此对于父母,我有了做长子的责任感,同时也意识到我不该成天无所事事地待下去,因而开始着急了。

但是,以画家作为职业,在那时比现在还要困难,同时我也开始怀疑自己是否有画家的才能。

看罢塞尚的画集,到外面就觉得房屋、道路、树木都像塞尚的画一般。

看了梵高或郁特里罗的画集之后也是如此,眼前的一切都成了梵高、郁特里罗所画的了,仿佛从来就不是我的眼睛所看到的。总之，用我自己的眼睛看不见任何东西。

现在想来，这是理所当然的。具有自己独到的眼光，那可不简单。

我那时还年轻，对于这一点既不满，也深感不安，于是焦急地强迫自己要有自己的看法。我看了许许多多的画展，想到日本任何一个画家都画出了独具个性的画，都有自己的眼光，便更加焦虑。

关于这一点，现在回头看一看，其实真正独具慧眼、画出自己的画的人为数甚少。除此之外，多是卖弄技巧，以此炫耀而已。

有一支歌，我记不清是谁的作品了，大意是：本来是红的，却不老实说它是红的，等到能坦率说出来的时候，已经到了晚年。

事情就是这样，很多人年轻时表现欲过强，这样反倒迷失了自己。我也毫不例外，拼命地靠技巧作画，那画的俗气使我对自己心生憎恶，逐渐丧失了对自己才能的信心，把绘画看作痛苦了。况且，为了买油彩和画布，还得干些不愿干的杂活儿赚钱才行。

这些杂活儿就是给杂志画插图，给烹饪学校画教材中切萝卜的方法，给棒球杂志画漫画，等等。净画这些并非出于本意而是勉强要画的东西，使我更加失掉了作画的兴趣。

从这时起，我开始考虑该做点别的什么工作。我内心深处觉得什么工作都行，找个工作就能让父母放下心来。产生这种急于就业的焦虑和降格以求的心情，主要是因为哥哥突然去世，我要继他之后负起长子的责任来。这就迫使我不得不像无头苍蝇，到处乱撞，想找到一条出路。在这个局面下，我认为自己好像处在危险的拐角处一般。但父亲却没有放松缰绳，不允许我脱缰乱跑。父亲告诫我："不要着急，也没有着急的必要。"他还说："要等待下去，前进的道路自然会打开的。"我不知道父亲这些话究竟有什么根据，大概是他艰苦的人生道路的经验吧。

他的话果然出奇地准确。

一九三六年的一天，我从报纸上看到P·C·L电影制片厂招考副导演的广告。

在这之前，我根本没有想过自己会进电影界，但是对这条广告的内容很感兴趣。那广告上说，第一次考试要交一篇论文，题目是"列举并论述日本电影的根本缺陷及其纠正方法"。

我认为这题目很有意思。它让我感受到P·C·L制片厂生气勃勃的进取精神，有股想干一番事业的劲头。同时，这题目也刺激了我爱恶作剧的老脾气。

说是列举并论述根本缺陷及其纠正方法，但如果属于根本的缺陷，那就用不着纠正了。我这样思索着，就半是认真半是信马由缰地开始写论文。论文的内容现在已经记不太清楚了，总之，由于哥哥的影响，我认为欧美影片可玩味、耐咀嚼，而对于日本影片，作为一名电影爱好者来说，我感到很多不足之处，等等。我想，这篇论文我一定是信口开河，把想说的话全部说了出来，还一一举例。

招考副导演的广告上还说，报考者要把履历、户口证明与论文一起交过去，因为那时我是只要有工作就想做，所以抽屉里放着现成的履历书和户口证明。我把这些东西和完成的论文一起寄给了 P·C·L。

几个月之后接到回信，要我于某月某日到 P·C·L 制片厂去参加第二次考试。我想，那样的论文居然通过，他们准是被狐狸迷住了。我准时前往 P·C·L 制片厂。

我曾在一本电影杂志上看到过 P·C·L 制片厂的照片，白色的摄影棚前边栽着椰子树，所以不知为什么，我一直认为这个制片厂在千叶县的海岸上。然而第二次考试的通知上写着，从新宿搭乘小田急线，在成城学园下车。

我当时还傻傻地想，坐小田急线也能到千叶吗。由此可见，我对日本电影界的实际情况无知到了什么程度，到电影界工作的事更是做梦也没想过。

不管怎样，我去了 P·C·L 制片厂。

于是碰到了我一生之中最好的老师——山本嘉次郎先生。

山 顶

写到这里，总觉得事情有些奇怪。我到P·C·L制片厂和进电影界之前的经历，就算纯属巧合，也未免太有关联了。

有人可能以为，我之所以如此贪婪地往脑子里灌输美术、文学、戏剧、音乐以及其他艺术知识，好像已预见到自己将来就是要走涵盖上述各项内容的电影这条路。实际上根本不是这么回事。

这一切看上去就像是为我铺设好的道路。对此，我只能说：走在这条道路上时我是无意识的。

P·C·L的院子里挤满了人。后来我才听说，报考人数超过了五百人。

有将近三分之二的论文被淘汰了。即使如此，那天到场的也有一百三十多人。我知道只有五个录取名额，所以看着眼前这一百多人，觉得根本没有入选的希望。

老实说，我不知道制片厂是个什么地方，好奇心比关心考试成绩的心思更强，所以我心境泰然地东张西望。似乎没有拍片，没有像演员的人。报考的人中，只有一个穿着礼服。

这件事给我留下了奇妙的印象，直到现在我还常常想，他为什么穿礼服来呢？我百思不得其解。

第二次考试分成几组进行，考试内容是写电影剧本和口试，不同的组题目不一样，首先写剧本。剧本题材是一则社会新闻，内容是东京江东区的一名工人因为恋上了浅草的舞女而犯罪的案件。

那时我对写剧本一窍不通。正在为难之际，只见邻座的那人已经唰唰地写起来了。

我倒是根本没想作弊，只是看了看他写的，看了一阵才知道，好像得先规定故事发生的地点，然后再写故事。我按照他的写法开始了。我学过画画，就用作画的感觉让黑而脏的工厂区和豪华的小歌舞厅交错出现，把工匠和舞女的生活，用黑色与粉红两色对比着编织了故事。详细内容现在已经记不得了。

从交出剧本到口试之间得等好长时间。写完剧本时已经是下午，我只吃了早饭，已经饿得受不住了。

我不知道这里有没有食堂，报考的人能不能在这儿吃饭，所以就问了问旁边的人。这位老兄是个直爽人，他说他这儿有朋友，可以让朋友请个客，说完就去找来一位。结果，那位老兄的朋友也请我吃了一份咖喱饭。饭后等了很久，直到太阳偏西的时候我们才被叫去口试。

这时，我第一次见到了山本先生。当然，那时我还不知道他是谁。

我们只是随便闲谈，谈画，谈音乐。电影公司的考试嘛，所以也谈到了电影。具体谈了些什么我已经全部忘光了。后来山本先生在某杂志上发表的文章中写道：黑泽喜欢铁斋、宗达、梵高和海顿。从这一点来看，那时我们可能谈到了这四个人。

总而言之，我们谈了很多。

我发觉窗外已经暗下来，就说："外面还有很多人等着呢……"我这么一说，山本先生说："啊，对，对。"他笑着点点头，告诉我："你如果回涩谷，在门口乘公共汽车正好。"果然不错，我在门口等了一会儿，开往涩谷的车就来了。我从坐上这车直到抵达涩谷，始终望着窗外，然而并没有看到海。

过了一个月，我收到了P·C·L第三次考试的通知。

这回考试是最后一次的所谓背景调查，我见到了厂长和总务部长。

秘书科长详细而无理地询问了我的家庭情况，那口气实在令人气愤，我不由得脱口而出："你这是审讯吗！"

厂长（森岩雄）连忙过来劝阻。我以为这样一来他们一定不会录用我了。但出乎意料，过了一星期左右，P·C·L发来了录取通知。

因为最后考试那天和秘书科长闹翻，加上那天女演员涂着化妆油彩的脸令我很不舒服，我把那录取通知给父亲看的时候还说："来了这么个东西，老实说我还兴趣不大呢。"

父亲对我说："如果不愿意干下去，随时都可辞掉。但是干什么都能获得一种经验，干一个月也好，干一星期也行，还是去试试吧。"

我也觉得的确如此。

就这样，我进了P·C·L。

去的那天才知道，录取的不止五人，总共有二十来人。我觉得很奇怪，一打听才知道，除副导演五人之外，还有摄影部五人、录音部五人、事务员五人，这些人是另行考试录用的。

至于工资，副导演、摄影部助理、录音部助理每月二十八日元，事务员三十日元。秘书科长说：事务员之所以多两日元，是因为他们不像副导演、摄影部助理和录音部助理那样更有发展前途。这位秘书科长后来当了总务部长，那时，我的同事（也是一位导演）被掉下来的照明灯砸到，折断了六根肋骨，由于这次事故得了肠扭结，还并发了阑尾炎。而这位部长公然说："被照明灯砸断肋骨的事故，确属公司的责任,但并发的阑尾炎,责任就不在公司了。"这话一时成为"名言"。

战后,制片厂工会举行投票,这个最令人讨厌的部长居然得了最多的票。

我进公司后,分配给我的工作令人十分不快,促使我下了立即辞职的决心。

父亲曾说过,干什么都能获得一种经验。然而这种工作经验,却全是不愿再重复一次的。

前辈副导演们拼命劝阻我不要辞职,他们说:"作品也不全是这样,导演也不全是这样的导演。"

结果,第二次给我安排的工作是到山本先生的摄制组。这证实了前辈副导演们说的话:作品有各种各样的,导演也是形形色色的。

山本摄制组的工作令人心情舒畅,我绝不想离开山本摄制组。侥幸的是山本先生也不放我走。

山顶的风终于吹到了我的脸上。

我所说的山顶的风,是指登山者在漫长而艰苦的攀登之后,快到山顶时能感到迎面吹来的凉爽的风。这风一吹到脸上,登山者就知道快到达山顶了。他将站在这群山之巅,极目千里,一切景物尽收眼底。

山本先生坐在摄影机旁边的椅子上,我站在他身后。此时此刻感慨万千,归结为一句话就是:我好不容易站在这里了!

　　山本先生现在做的工作才是我真正想干的工作。

　　我好不容易爬上了山顶。

　　山顶的前面,就是极目千里的广阔天地和一条笔直的大道。

P·C·L

"您在造飞船的公司？"脑子不太好使的酒吧女郎看了看我胸前的徽章，这样问我。

P·C·L的徽章是一个摄影机镜头的侧面，中间有P、C、L三个字母。有人把那形状看成飞船。

P·C·L是照相化学研究所（Photo Chemical Laboratory）的缩写。这个研究所开始时研究有声电影，后来建起摄影棚，成立了制片厂，着手摄制影片，所以它有老牌电影公司所缺乏的锐意创新精神。

导演阵营也如此，尽管人数不多，但年轻有为、富有进取精神的居多。山本嘉次郎、成濑巳喜男、木村庄十二、伏水修等，都很年轻，没有"电影商"那股旧习气。作品也和以往的日本电影不同，如果以俳句的季题来比喻，那么，这些作品都有春天里的"嫩叶""风光""薰风"等情趣。

这些作品里，成濑导演的《愿妻如蔷薇》、山本导演的《我是猫》、木村导演的《兄妹》、伏水导演的《风流演歌队》等，都极其生动而新颖。

但毋庸讳言，当时也拍了一些毫无时代感的影片。这些影片无视当时日本已经退出国际联盟、"二二六事件"[①]、反共产国际协定签字等一系列使日本政局愈加动荡的现实，拍摄主人公在日比谷公园一边唱着"紫花地丁盛开时"，一边悠悠漫步等场景。

说起"二二六事件"，我就是在这次事件发生后不久进入P·C·L的。我记得，二月二十六日那天，大雪仍然残留在摄影棚的背阴处。

现在回想起来，在那样的形势之下，P·C·L能够大踏步地前进，也是不可思议的。

P·C·L的领导成员简直就像一班电影青年那样朝气勃勃，他们确定新的方针，然后雷厉风行。制片厂的人员结构方面，尽管还没有摆脱外行的状态，但是和现在的拖拖拉拉、杂乱无章相比，那时人们虽还幼稚，却无不心地纯洁善良。总而言之，P·C·L是一个当之无愧的"梦工厂"。

此次录取副导演，根据公司的要求取了东大、京大、

---

①1936年2月26日，国粹派（皇道派）少壮军人不满于掌权派（统制派）在对外扩张上的消极态度而发动的一场政变。

庆大、早大①毕业生各一名，还有一名是一个有着奇奇怪怪经历的人，这人就是我。这五个人都像放养在宽阔水域的幼鱼一样，朝气蓬勃地游动着。

当时，P·C·L的领导认为，副导演就是领导人物候补生（未来的领导、导演），从这种设想出发，他们试图让副导演通晓制作影片过程中每一个必要环节的工作。因此，我们几个人干过洗印；腰里披条装钉子的口袋，锤子别在皮带上，钉过布景；当过见习编剧和见习剪辑；给演员当替身，从镜头前一走而过；甚至在出外景时当会计。

其次，社长参观过美国的制片厂，他对美国第一副导演作用之重要及其工作情况感到很新鲜，也非常佩服，所以回日本之后，在制片厂院子中央竖了一块告示牌，上面写道：第一副导演的命令等于社长的命令。

这块牌子引起了各个制作部门的反感，这些对抗使我们副导演不得不陷于随时应战状态。

"你小子要是不平不满，那就到洗印车间后边来！"那时，第一副导演常常和摄影部、照明部、大道具、小道具的人吵架，每次吵架都这么说。

尽管有些过火之处，但是把副导演看作领导人物的候补者这个方针及其训练方法，我认为并没有错。

---

① 分别为东京大学、京都大学、庆应义塾大学和早稻田大学的简称。

现在的副导演如果当了导演，大概会感到困难重重吧。如果不熟知影片制作的各个方面，就很难担任导演。

导演是前线司令官式的人物。司令虽然精通战术，但如果不精通各个兵种，掌握各支部队，也无法指挥。

P·C·L很懂得培养人才。而受到P·C·L的教育和栽培，对我来说是一大幸事。

凡是想用人的，必须先培养人。培养出人，激发出人的才能，这才能用。

要想建造好的房屋，必须先种柏树、杉树。如果东捡半截木棍，西拾几片木头，只能凑合成个脏土箱。

此时此刻才恰恰是恢复P·C·L精神、认真考虑日本电影根本缺陷的时候。

山 崩

一九七四年八月，我得到通知，说是山本先生卧病，病情堪忧。

我是在为拍摄《德尔苏·乌扎拉》即将前往苏联时得到这个通知的。

苏联那边的工作至少需要一年零几个月。在这期间，山本先生万一有个好歹，我是无法脱身赶回来的。

我怀着这种感伤的情绪去了山本先生的家。

山本先生住在成城以北的丘陵地带，从大门到门厅是个斜坡，混凝土铺的甬路逶迤而下。甬路正中是山本夫人精心培植的带状花坛，群花争奇斗艳。心头沉重的我，总觉得这花过于鲜艳了。

病床上的山本先生瘦了许多，鼻梁本来就高高的，现在显得更高了。

我说完安慰的话之后，先生以微弱的声音客套地说："百忙之中前来看我，实在……"

他马上接着问我："苏联那边的副导演，怎么样？"

"人不错呀。我说的话他全部记在本子上，他会干好。"

我刚说完，先生就微微一笑说："光会把你的话记在本子上的副导演可不行啊。"

我本来也是这么想的。可事到如今再细谈那些，让先生担心就不好了，所以只好说："您尽管放心，人似乎好得过了头，工作上倒是挺认真的。"我撒了一点谎。

"那样就行。"谈完之后，先生忽然谈起鸡素烧来。

他说有一家菜馆专卖传统味道的鸡素烧，让我务必去一趟，而且把菜馆的地点详细告诉我。接着又谈起从前我们一起去吃炖牛肉的那家馆子，以及那里的炖牛肉味道如何等等。

他自己现在毫无食欲，却如此津津乐道这类话题，我认为其用心恰恰表现了先生的本色，他大概是希望以此显示他是高高兴兴地把我送走的。

我在莫斯科接到先生去世的讣告。

写山本先生却从即将逝世的先生写起，这似乎有些可笑，但是，我只是想说明，即使到了这般时候，山本先生念念不忘的仍是副导演的问题。

可能没有像山本先生这样注重副导演人选的导演了。

拍片准备阶段的第一步是组织摄制组,山本先生总是首先考虑让谁担任副导演。

先生对任何事都持灵活态度,从不强求统一。对于名利,一向淡泊处之,性格坦率直爽,唯独对副导演的人选固执到令人吃惊的程度。

要提拔新人当副导演的时候,对其人的品格、素质,先生一定是反复调查研究,直到一清二楚之后才做决定。但是,对一经决定录用的副导演,不论其工龄长短、资历深浅,均一视同仁,认真地听取他们的意见。

这种自由的、彼此真诚相待的关系,是山本摄制组的特点。

我在山本摄制组任副导演期间完成的主要作品有:《认真的金太》《千万富翁》《惊奇人生》《良人的贞操》《藤十郎之恋》《课堂作文》《马》等。在这期间,我从第三副导演晋升为第一副导演,并且能胜任代理导演、剪辑、配音导演等工作了。

这段时间大约四年,我觉得自己仿佛是一口气跑完了这段上坡路。

我在山本摄制组工作期间,每天都心情舒畅,而且充实。有什么意见我都直言无忌,而且大多被先生采纳,所以工作上有股干劲。

那时,P·C·L用从其他公司拉来的导演和明星巩固自己的阵地，从而发展为东宝电影公司。为了在电影市场上同其他公司竞争并获胜，我们不得不在极其严峻的条件下一部接一部地认真制作，所以任何一项工作都是艰苦的。

不可否认，正是因为如此艰苦奋斗，我才得到很好的锻炼。那时深感苦恼的，是从来没有时间好好地睡觉。那时，摄制组全体成员唯一的希望大概就是不被打扰地睡上一觉。况且我们当副导演的比其他成员更辛苦，当别人去睡时，我们还要做下一步的准备工作，不能去休息。

那时我常常这样遐想：弄一个大房间，铺满被褥。有了它，得空就钻进去睡一觉。

有时紧张到极点，我们就用唾液湿湿眼皮，这样眼睛会清爽些，再继续干下去。大家无不倾注全部精力，使作品好些、再好些。

这里举个本多木纹太守的例子。

本多木纹太守是本多猪四郎的绰号，那时他任第二副导演（后来成为导演）。一次，大道具周转不灵，他没办法，只好用涂料做些假柱子和护墙板。为了使木纹逼真，他总在不停地描绘木纹，描得不像，就打磨干净再重新描。因此，他得了这么一个"木纹太守"的绰号。

本多描绘木纹这件事，正说明大家无不兢兢业业、努力工作，尽可能使山本先生的作品更好一些。也可以说是为了酬答山本先生的信赖，大家才这样做。

山本先生对大家的信赖，促使我们团结一致，都以这样的精神对待工作。

这种精神，为我们培养了最重要的"工作毅力"。我自己就是这样经山本先生培养出工作毅力的人。

当了第一副导演之后，这种毅力和我与生俱来的坚持自我、顽固任性的性格合而为一，就成了异乎寻常的执着。

那是在拍《忠臣藏》的时候。这部影片的第一部分由泷泽英辅先生执导，第二部分由山本先生负责。第二部分的结尾是赤穗义士们打进吉良府邸，杀了吉良。为了赶上上映日期，大家争分夺秒，最后距上映只差一天了，还没有完成。不论山本先生还是公司董事，都不抱准时上映的希望了，可是我却没有死心。为此，我到露天布景地去察看。大门、后门、门内的布景全都齐备，可是任何地方都没有一点雪。

我提着一桶盐登上后门，骑着门楼屋脊，往门楼上撒盐，制造雪景。

大道具总管（姓稻垣，总是板着面孔，一个老侠客式的人物）走来，抬头一望，发话了："你干什么？"

"问我干什么？赤穗义士打进来的那天下大雪呀。没雪拍不成片子！"我说完照旧把盐撒下去。稻垣老头仿佛很不耐烦地仰着脖子看了我一阵，叨叨咕咕地回了大道具办公室。

随后他领来一大批人，并大声喊道："喂，做雪景！下雪吧！"

我从屋顶下来，跑到山本摄制组休息室，山本先生正躺在长靠椅上打盹儿，我连忙把他叫醒。我说："后门的雪马上就做好。请您先从后门拍吧。这个时间里，我把大门的雪弄好，先拍着大门的镜头。您拍完了后门，就请接替我继续拍大门，我再去做门内的雪，做完我就立刻拍门内的镜头。等您拍完大门的戏，然后再接替我来拍门内的……"

山本先生眯着睡眼不住地点头，好像很费力似的站了起来。

这天，是这段时期少见的晴天，碧空如洗，我加红滤色镜拍摄义士们攻入吉良府邸的夜景场面，拍成了漆黑的夜空与洁白的瑞雪相映衬，十分出色。到了拍门内的场面时已是真正的黑夜了，待全部拍完已到了夜半。

全部拍完之后大家要拍个纪念照，这时厂长赶来说，尽管没什么好吃的了，还是请大家到食堂干一杯吧。

食堂仓促备了些酒菜，摆满了桌子。

董事们坐在上座，我们相继入座。但是累得精疲力竭的摄制组全体成员已经没有干杯的豪情了，什么都不想吃。大家唯一的愿望是赶快去睡觉。

席上董事讲了话，对大家为了使《忠臣藏》如期上映做出的巨大努力表示感谢。但是大家都像通宵守灵的吊丧客一样低头听着。他的话一完，照明部的人首先站起来一声不吭地行个礼走了。随后摄影部、录音部等各部门的人也相继站起，默不作声地行个礼陆续离开。

剩下的只有董事们、山本先生和我们几个副导演。这就是人们对董事的回答，也是对我的回答。

山本先生实在不是爱发怒的人。他即使很生气，也不形之于色。

没有办法，我就必须在适当的时候让大家知道，山本先生为这样的事发了火。

事情起因是找来的演员太随便，常常迟到，不能按时开拍。总是这么迟到，即使山本先生不发火，摄制组的人也按捺不住了。如果经常出现这种情况，工作就难以开展。

在这种情况下，我当着山本先生的面跟摄制组的人先说好，如果那位演员又迟到了，我就喊："停止！今天到此结束！"大家就立刻离开摄影棚，把那位演员和他的跟班扔在那里就回家。

后来，那演员和他的跟班终于明白，这事要去山本摄制组休息室问。我同山本先生说："他们来的时候可别给他们好脸色看。"

果然，那演员还是跟班来了，他怯生生地问："今天停拍的原因是因为我（或者老师）迟到吗？"

这时我接过话茬儿："大概是吧。"我这样回答之后，看了看山本先生。

先生大概颇感为难,显得有些局促不安。可是我没管这些,对着那位演员还是跟班毫不客气地开了炮:"日程表不是为了让大家迟到才定的!"

第二天起,这位演员就准时进摄影棚了。

山本先生对副导演从来不发火。

有一次拍外景,一对搭档之中的一名演员没有被通知到。

我赶紧跟第一副导演谷口千吉(那时他是山本摄制组第一副导演,后来升为导演,有《银岭之巅》《恶棍万和铁》《拂晓逃脱》等杰作)商量怎么办好,可是阿千一点也不着慌,到山本先生那里郑重其事地说:"山本先生,今天××不能来了。"

山本先生吃了一惊,望着他问:"为什么?"

"因为忘了通知,所以不能来了。"阿千理直气壮地回答道,就像是山本先生忘了通知似的。

在这方面,阿千是P·C·L的著名人物,任何人都学不了他这一招。

山本先生对于阿千这种实在不像话的态度也并不生气,只是说:"行啦,我知道了。"

结果,那天只好凑合着拍了这对搭档中另一位演员的戏。办法是让那演员回头说:"喂,干什么哪?快来呀!"

这样,就把戏接下去了。

后来,山本先生带着阿千和我到涩谷喝酒。路过正在上映这部影片的影院门前时,山本先生停步对我们说:"等一下,进去看看。"

我们三个人坐在影院里看了这部片子。当看到那对搭档缺了一人的场面,那人回头说:"喂,干什么哪?快来呀!"

这时候,山本先生问阿千和我:"那个人在干什么?难道在拉屎吗?"

阿千和我立刻从座位上站起来,规规矩矩站得笔直,在昏暗的影院里向山本先生深鞠一躬。"实在对不起!"

周围的观众看到两个大汉忽然站起向一个人鞠躬,无不吃惊地看着我们。

走出电影院的时候,他把我俩领到一旁,亲切地教导我们说,那种情况下,这么办也许效果还不错呢。总之,这件事只能说明山本先生为了培养副导演,不惜牺牲自己的作品。

他对我不惜心血着意培养,却在某杂志上这么写道:"我对黑泽,只教会他喝酒了。"

如此人品的山本先生,我实在不知道该怎样感谢才好。

关于电影,关于电影导演工作,我从山本先生那里学到的东西,在这里是写不完的。

山本先生才是我最好的老师。

我认为最好的证据就是，山本先生的学生（山本先生最不愿意听这句话）的作品却根本不像他的风格。

山本先生对于追随他的副导演，决不干改变他们个性的事，而是一心一意地着力于发掘他们的个性；而且丝毫不让我们有从师学习的拘束心情，而是让我们充分地发展自己。

当然，尽管如此，山本先生也曾对我发过火。那是为了搭一台表现江户时代的露天布景的时候。

现在，那个字我已经忘了，总之是一家商号门口挂的招牌上的字。一位演员问我那是什么招牌，我也不认得招牌上的字，因此不知道是卖什么东西的，于是胡乱回答他说，那是卖药的招牌。

这时，山本先生叫住我："黑泽！"

我从来没听过先生那么严厉的口气，吃了一惊，望着山本先生。

山本先生这么生气的面孔也前所未有。他气冲冲地对我说："那是卖香荷包的招牌。随随便便说话可不行！不知道的事情就该说不知道！"

我一句话也说不出来。

这几句话，我刻骨铭心，至今难忘。

还有，山本先生很善于谈天说地，仅是酒席间天南海北的闲谈给我的教益，就举不胜举。

他兴趣广泛，特别在饮食方面，堪称美食家，他告诉我世界上很多很多的美食。山本先生的观点是：连好吃不好吃这种简单评价都说不准的人，不够做人的资格。他精通美食，所以在这方面我也学到了很多知识。

还有，山本先生在古典美术，特别是古代家具、什物、工艺品等方面造诣很深，十分喜欢民间工艺美术品，也传授给我许多这方面的学问。

我是学绘画的，对这方面的知识特别感兴趣，后来我从山本先生那里得到了更深的教益。

坐火车去拍外景的时候，山本先生一有时间就和我们副导演做一种游戏。

这种游戏是设定一个主题，据此写个短镜头剧本。

这种玩法既可学习编剧和导演工作，也是有益且有趣的消磨时间的游戏。谁也没有胜过山本先生，因为他的短镜头剧本非常有趣。

比如以"热"为题的短镜头剧本，山本先生是这样写的：

> 场景是卖牛肉鸡素烧的二楼。
>
> 夏天炎炎的夕阳，灼烧着业已关严的纸窗。窄小的房间里，一个男人满头大汗，擦都不擦地向女招待求爱。
>
> 旁边的鸡素烧锅咕嘟咕嘟地响着，汤快要熬干了，

满屋子牛肉味儿。

这个短镜头剧本，把"热"这个主题充分表现出来，而且那死皮赖脸地向女招待求爱的汉子，活灵活现，十分有趣。

副导演们对山本先生佩服得五体投地。

山本先生极富人情味，对他的回忆，我是写不尽的。

山本先生晚年得到勋章，在为他举行的庆祝会上，他登台发表讲话。他是这么说的："我的祝词还是短一些好，因为短才叫缩词（祝词），长的就是长词（悼词）了。"①

为山本先生举行葬礼时，我正在苏联拍片，未能参加。

那时我如在日本，一定写一篇沉痛的悼词。而今，我是怀着为山本先生写悼词的心情写这部分文章的。

因为是悼词，所以就长了，请大家原谅。

---

① 日语中"缩词"与"祝词"同音，"长词"与"悼词"同音。

高山仰止

"看哪,这儿也有山嘉次和黑泽。"

透过火车车窗向外眺望的摄制组人员在吵吵嚷嚷。这是为了拍《马》而前往宫城县的鸣子时,在火车上发生的事。

去鸣子,要从东北线的黑泽尻上车,再乘奥羽线旁边的横黑线。从黑泽尻出发不久,头一站就是黑泽。

在黑泽站附近,摄制组的人看到了山火,所以他们纷纷嚷起来。他们还把山本先生的名字——山本嘉次郎简称为"山嘉次",而"山嘉次"就和"山火"同音了。

"这儿也有山嘉次和黑泽!"

他们之所以这么喊,是因为山本先生在哪里我就在哪里。他们看到发生在黑泽的山火,就用"山嘉次"和"黑泽"来逗乐。

这说明,我在当副导演时期总是和山本先生在一起。

工作时无须多说，工作结束后我们就在一起喝酒，或者到他家去吃饭。

一部影片拍完就要筹备下一部片子，山本先生总是同我在一起商量这些事。

拍《藤十郎之恋》时大家非常辛苦，可是上映之后评价不高。山本先生和我都灰心丧气，那天早晨我们俩就出去喝酒。

我记得当时我们来到一家能远眺横滨港的铺子。旭日东升，我们都无话可说，只是默默地喝着酒眺望海港里的船。当时的痛苦心情，迄今难忘。

我当了山本先生的副导演，拍了几部作品，也积累了一些经验。这时，山本先生开始让我动笔写剧本。

山本先生是编剧出身，他的编剧手法的确很出色。

谷口千吉就曾经当面对山本先生这样说过："山本先生，您作为剧作家来说是一流的，可是作为导演来说却没有什么了不起。"

这当然是阿千这家伙挖苦人的话，不过山本先生很宠爱他，说山本先生作为导演没什么了不起之类，纯粹是恃宠说笑而已。

然而，他说山本先生作为剧本作家是第一流的，这倒不假。因为后来山本先生对我的剧本提出了中肯的批评，并亲自动手帮我修改，让我有了很深的体会，才得出这个结论。

提出批评不难。但是，提出批评的人能够按照自己的批评意见亲自把剧本改好，却不是普通人能做得到的事。

山本先生让我写的第一个剧本是根据藤森成吉原著改编的《水野十郎左卫门》。其中有一场戏，是水野向白鞘组的伙伴们讲述江户城门旁边公告牌上的法令。

我按照原著把这部分写成水野先读了那公告牌上的法令，然后对他的伙伴们说出这件事。

山本先生看了剧本后说，小说可以这样描写，剧本就不行了，这样完全不能打动人。说完，他立刻动笔修改给我看。

我读了改过的部分，大吃一惊。

山本先生摒弃水野看了公告牌上的法令再向伙伴说明这种节奏很慢的表现方法，改为水野拔下那公告牌扛回来，朝他伙伴面前一扔，大声说："看这个！"

我算服了！

这不过是一个例子，也是一个例证，足以说明山本先生构思剧本和掌控剧本的能力之强。

从这以后，我改变了读文学作品的方法，也就是说，找到了新方法来代替以往读文学作品的方法。具体地说，就是认真地思索作者想说什么，他是怎样说的，同时把我感受最深、认为至关重要的情节写在身边的笔记本上。这样边读边记。

我按这种方法重读过去读的作品时才深深感到，过去不过是形式上读了而已。

自己登得越高，就越知道山外有山、天外有天。

不论是文学还是其他艺术，无不随着自己的成长更加了解其堂奥。这本来是理所当然的，然而那时我连这样浅显的道理都不懂。使我开始注意到这个问题的就是山本先生。他在我面前立刻动笔修改我的剧本。我惊叹他的笔力深厚，同时也发奋用功，重新起步。在这个过程中，我渐渐体会到创作的奥妙。

山本先生告诫过我：如果想当导演，就得先学着写剧本。

我认为先生的意见十分中肯，所以此后拼命地写剧本。说副导演的工作过忙、无暇写剧本的人，是地道的懒汉。

就算一天只能写一页稿纸，写上一年也能写三百六十五页长的剧本。

我就按这个想法，定下一天一页的目标。通宵达旦工作时那就没办法了，只要有睡觉的时间，那么躺下之后还能写两三页。老实说，只要想写，就写得出来，结果我写成了好几部。

其中之一就是《达摩寺里的德国人》，后来经山本先生推荐，发表于《电影评论》，受到伊丹万作先生青睐，得到了出乎意料的赞扬。

关于这个剧本，曾发生过一件使我大伤脑筋的事。山本先生把原稿寄给《电影评论》的一位记者兼影评家，结果这位先生喝醉了，乘电车时把稿子弄丢了。山本先生非常气愤，提出抗议，责令那人从速登报寻找，然而他却始终没有登报。我也因为失去好不容易才得到的出头露面的机会遗憾万千。没有办法，只好连干三个通宵，凭着回忆一点一点地把剧本重新写出来，送到《电影评论》的印刷厂。那时我见到了那位弄丢稿子的人，可他毫无歉疚。看他那表情，仿佛在说：这稿子给你登出来，你该道谢。我想，如果对他多说几句，使他知道事情的原委，那么他除了这副面孔之外可能还有另一种表情吧。老实说，我当时实在是满肚子火气，况且他对山本先生的要求、对把丢失原稿一事当作自己的责任而深感痛苦的山本先生的意见一概不理不睬，这种人的恶劣和无耻，即使现在想起来都觉得恶心。

等我凑合能写剧本的时候，山本先生又让我搞剪辑。这我也明白，要想当导演不会剪辑是不行的。

剪辑是电影制作中画龙点睛的步骤，也是给拍摄的胶片注入生命的工作。我知道这项工作的重要性，所以在山本先生给我下命令之前，就已先行一步，经常去剪辑室了。

我把剪辑室弄得乱七八糟。因为我把山本先生拍的胶片拽出来，又是剪又是接。剪辑室的专家看到这种情况十分生气。

山本先生的剪辑技巧也是第一流的。先生十分利落地剪辑自己的作品，这位剪辑专家看着先生剪，自己只须接胶片就行了。可是他看到副导演也抢他的工作，自然不能原谅了。况且这位剪辑专家是位非常循规蹈矩的人，他把剪下来的一格甚至半格胶片也整理起来放在抽屉里。现在他看我如此随便地处理胶片，自然不能视而不见。总之，我跟这位剪辑专家不知道吵过多少次。这绝不是一桩好事，可是不管他怎么吵嚷，我照旧剪辑影片。

在这期间，不知道是没有精力再吵了，还是因为我把剪过的样片一律恢复原样让他放心了，总之，我来剪辑胶片这件事他算是默认了。

后来，这位剪辑专家直到去世为止，一直负责剪辑我的影片。

关于剪辑，我从山本先生那里学到的东西难以计数，其中最重要的一项是：剪辑的时候必须具备客观看待自己作品的能力。

山本先生剪自己辛辛苦苦拍下来的胶片时，简直像一个杀人狂。

"黑泽，昨晚我想过了，那个××场面前半部可以剪掉。"

山本先生总是这么高高兴兴地说着走进剪辑室。

剪！剪！剪！

剪辑室里的山本先生和杀人狂毫无区别。

我曾经想过，既然剪掉才合适，那么当初何必拍它？这也是我付出过心血的胶片，所以他大刀阔斧地砍杀时，我心里很是难过。但是，导演的辛苦也好，副导演的辛苦也好，摄影师和照明师的辛苦也好，诸如此类，电影观众是不管的。

山本先生要给观众看的，是没有多余部分、全篇充实的作品。

当然，拍片的时候是认为有必要才拍的，但拍出来一看，发觉根本不必拍，这样的例子也很多。

不该要的就不必拍！

但是，人往往习惯于认为价值与辛苦成正比。这在电影剪辑上是最要不得的。

人们说电影是时间的艺术，所以，没有用的时间就该删去。

在剪辑方面跟山本先生学到的东西之中，这是最大的收获。

我现在写的不是电影技术书，关于剪辑专业的话就此打住。但我还想把山本先生有关剪辑方面的一个小插曲写下来。

那是剪辑《马》这部影片的时候（山本先生把这部作品的剪辑工作交给了我）。

《马》的故事中，有一幕是母马到处找它那已被主人卖掉的马驹。那母马像发了疯一般，把马厩撞开冲了出去，直奔牧场，它甚至想从围栏钻进牧场。我哀怜这母马，详细地拍了它的表情和行动，并且做了很有戏剧性的剪辑。但是放映时却毫无感觉，不论怎样剪辑，画面上就是表现不出那母马念仔的心情。山本先生和我一起看了好几遍我剪辑的影片，他只是默不作声。我知道，他不说"行"，实际上就是"不行"。我十分为难，就问山本先生该怎么办才好。山本先生回答说："黑泽，这里要的不是情节，应该是哀愁之情思吧。"

"哀愁之情思"，这句日本古词，立刻使我大有所悟。

"我懂了！"

我把剪辑方针完全改了，只把那些远景镜头接在一起。

我用剪影的手法表现月明之夜的母马，它飘鬃扬尾，漫无目的地不断奔跑。

我觉得，只用这部分画面就足够了。即使无声，也使人仿佛听到它那一声声哀嘶。同时再配以木管低沉的哀调，使人更加理解母马的哀怨之情。

当然，为了将来担任导演，必须学会处理摄影现场的工作和导演工作。电影的导演工作，简单说就是把电影剧本形象化，并把它定着在胶片上。为此，必须对摄影、照明、录音、美工、服装、道具及化装等部门给予及时和恰到好处的指挥，同时还必须指导演员的表演。

山本先生为了让我们副导演积累这方面的经验,常常让我担任代理导演,甚至有时一场戏只拍一半就回去了,后一半由我完成。

如果副导演不是十分可靠,导演是不会这么做的。此外,就我们这些副导演来说,既然被委以重任,如果把工作弄糟,不仅有损山本先生的声誉,也难免使摄制组丧失信心,所以大家不得不豁出命来干。

我们这些想法,山本先生了然于胸,所以这时他照例会找个好去处,高高兴兴地喝上两杯。

山本先生这种用心等于突袭考试,给了我们表现能力的最好机会。

拍《马》的时候,山本先生虽然去过外景地,但一般只住一晚上,说一声"拜托了"就回去。这样,我在升任导演之前,便在导演工作以及统率摄制组的工作方面都得到了锻炼。

山本先生在使用演员方面也非常出色。他不像沟口健二导演和小津安二郎导演那样严肃稳重,而是稳健与轻松并重。用画来说,就是不像池大雅和浦上玉堂那种受人尊敬的画风,而是更贴近谷文晁平易近人的风格。

山本先生曾这样说:"导演硬要演员按导演的想法表演,那么演员只能达到导演要求的一半。既然如此,倒不如推着演员按他自己的设想表演,结果常常会事半功倍。"

所以，参演山本先生作品的演员都能得到自由发挥，表演状态轻松自然。最好的例子就是榎本健一。榎本在山本先生的作品中非常活跃，充分发挥了他的才能。

山本先生对待演员也非常亲切。

我常常把群众演员的名字忘掉，所以只好按他们的衣服颜色招呼。

"喂，那个穿红衣服的姑娘过来一下。"再不然就是："喂，那个穿蓝西服的。"

结果被山本先生训了几句："黑泽，那可不行。人都有个名嘛！"

这个我自然知道。可是我太忙，哪里有工夫查名字。但是，山本先生如果想对某位演员提出表演上的要求时，即使那人是群众演员，他也这样说："黑泽，请把那人的名字查一查告诉我好不好？"

等我查来报告他之后，他才向那演员提出演技上的要求："××，请往左走两三步。"

名不见经传的演员听到山本先生如此亲切地招呼他，无不感动。

难道能说山本先生有些滑头吗？我看应该说他善于用人。

除此之外，关于演员，我从山本先生那里学到以下三点：

第一，人很难了解自己，不能客观地观察自己的说话方式和行为举止。

第二，凡是有意识的动作，首先注意的不是动作本身，而是意识。

第三，教给演员怎么做，同时必须告诉他为什么这么做，并且让他充分理解、心悦诚服。

我从山本先生那里学到的东西用多少稿纸也难以写完。最后，我想再写写我学到的电影中的声音处理技巧。

山本先生对电影声音的处理也十分慎重。不论是自然界的声音还是电影音乐，他无不以敏锐的感觉去处理。所以，他对后期配音（影片最后一道工序，加上音效或音乐的合成工作）的要求非常严格。

电影是影像和声音的乘法，我这后来一贯的主张，是通过山本先生的后期配音工作产生的。

对于我们副导演来说，后期配音这项工作是最吃力的。

后期配音阶段正值摄影工作结束，已经累得筋疲力尽，上映日期又迫在眉睫，所以时间很紧迫，大多是通宵达旦地工作。而工作的内容偏偏又是必须细心处理的声音，所以，我总觉得这是一项严重磨损神经的任务。

不过，拍摄的影像大多已经录进了自然的声音，如果再给它加上某种声音，就会产生另外一种效果。所以，这种后期配音的工作也别具魅力和乐趣。

配音不同，影像中的表情也会随之变化，使观众产生不同的感受。

这是导演考虑的效果，副导演很少进入这个领域和导演一起商量，因此，我们常常对各种效果感到大吃一惊。

山本先生似乎觉得我们这种大吃一惊也颇有乐趣，他故意不让我们知道他的秘密，用独特的效果音或音乐，使我们为之一惊。

这样，不同的声音就使影像给人截然不同的强烈印象。每当这时，我们都会忘却疲劳，精神为之一振。

当时有声电影尚在初期，关于影像与声音的相乘关系，我认为像山本先生这样认真思考的导演还是不多的。他可能是想把这些教给我，所以《藤十郎之恋》的后期配音就全委派给了我。结果他看过样片之后，让我从头返工。

这对我来说是一次打击。我感到自己在大庭广众之下出足了丑。

重做后期配音所花的时间和精力，实在吓人。另一方面，我也无颜面对与后期配音有关的摄制组人员。糟糕的是究竟哪里错了，我仍然不太清楚。

为了寻找连我自己都没弄清的错误，我一卷一卷地找，翻来覆去地看。结果，好不容易才找到并纠正了。

山本先生看了样片，只是简单地说了声"OK"。

我对这位山本先生十分不满，觉得他把什么事情都压到我头上，而且随便发号施令，令人生气。但是这种心情很快就消失了。

举行《藤十郎之恋》完成招待会的时候，山本夫人对我说："他可高兴了，说黑泽能写剧本，又能委以导演工作，剪辑、后期配音全都行，大可放心。"

我不禁热泪盈眶。

山本先生是我最好的老师。

山本先生！我还要继续奋斗！

以上权作我献给山本先生的悼词。

病与酒

我这人脾气暴躁，而且顽固。

当了导演之后也没改掉。而在担任副导演期间，这毛病就闹出了问题。

我们忙于工作，午休的时间常常被挤掉，午饭就吃公司的盒饭，而且还得狼吞虎咽，这样的生活有时会持续一个星期以上。

公司的盒饭是饭团和咸萝卜。

这样的伙食吃上一星期，身体实在顶不住。摄制组的成员发牢骚，我向公司提出要求，请他们考虑一下，是否配些紫菜卷之类的，制作科表示同意。所以我对摄制组宣布，从明天起，盒饭将大有改观，打消了大家的怨气。没料到，第二天的盒饭仍然是饭团和咸萝卜。摄制组的一位成员大怒，把那盒饭朝我面前一摔。我勃然大怒，但立刻克制住了，拾起那盒饭就去了制作科。制作科在公司院内一角的露天布景场地上,我走到那里得用十分钟。我边走边劝自己:别发火,千万别发火。然而这团怒火越走越大,当我拉开制作科办公室的门时,已到了快要爆发的程度。等我来到制作科长面前,终于爆炸了。

我把盒饭朝制作科长脸上砸去,制作科长满脸饭粒。

还有一回是发生在伏水修先生(现任导演,他也曾给山本先生当过副导演)还在我们摄制组任副导演的时候。

当时我们正在拍星空的镜头,我爬到布景的天棚上,用细线吊玻璃珠。线乱糟糟地缠成了团,实在难弄,急得我火烧火燎。

伏水坐在摄影机旁,仰着脖子看着我心急如焚的样子,还朝我大声喊:"快点儿!"

我本来就在生自己的闷气,这时,从装玻璃珠的箱子里抓了一把银色玻璃珠朝伏水砸去:"好,流星!"

事后伏水对我说:"你还是个孩子啊,简直像个脾气暴躁的孩子。"

他也许说对了。

然而过了六十岁,这脾气暴躁的毛病也没见好。直到现在还常常火冒三丈,但冒完也就完事,不像宇宙卫星那样会留下放射性物质,所以我自己也常常想,这毛病还不算坏。

还有这样一件事。

一次,我们要录打人脑袋的声音,结果打了很多东西,录音师总是不说OK。

我一时火气大发,狠揍了一下麦克风。

结果,显示OK的蓝灯亮了。

我讨厌动不动就讲一通道理,也讨厌爱大摆理论的家伙。

有一位爱讲道理的剧作家用三段论法写剧本,他说,自己的剧本是正确的。

他的话惹得我火起,我说,即使理论上完全正确,淡而无味的东西照旧淡而无味,毫无办法。结果,我们俩吵了一架。

还有一次要赶拍一部影片,我担任代理导演。

刚拍完一个镜头,我累得很,就坐下来休息。摄影师问我下一个镜头的摄影机位置在哪里。我指了指座位跟前告诉他:"这里。"

这位摄影师是个事事都要讲道理的人,他说:"为什么要在那里?你说说理论上的根据。"

我一听就火了(我这个人实在爱发火,确实不好),说:"摄影机的位置在那里的理由及其理论上的根据,就是因为我太累了,不想动弹了。"

这位摄影师特别喜欢吵架,但这次我这么顶撞了他,他竟然没再说话，可能是把他那股邪火给灭了。

总而言之，我这人常常发火。

据副导演们说，我一发火就满脸通红，鼻尖苍白，很适合拍彩色片。我从来没有在发火时照过镜子，是否果然如此就不得而知了。

然而作为一名导演来说，这是个危险的信号。副导演们是认真观察过的，不会说错。

下面我要写的则是比爱发火还糟糕的顽固症。

《马》这部影片结尾处的一场戏是在马市上卖马驹。其中有个情节，是主人公阿稻姑娘从马市的货摊上买了酒，提着一升的大酒瓶，穿过马市上混杂的人群，回到家人那里。家人正围着那已经找好主人的马驹，给它举行告别宴。

这时，阿稻听到农民们唱的日本东北民歌，他们和自己一样在给转了手的马驹举行告别宴。就要和亲自饲养的马驹离别的阿稻听这歌声，不由悲不自胜。

本来，《马》这部作品是山本先生偶然从马市的实况广播中听到而构思出来的，他在广播中听到那姑娘的哭声，所以让阿稻这个人物做了《马》这部影片的主人公。因此，马市这场戏中的这一情节，可以说是整部作品的核心。

尽管如此，陆军省马政局来了命令，要求剪掉这一情节，理由是违反了禁止白天喝酒的法令。

我一听就火了。

这个镜头剧本里本来就有。影片开拍时,马政局主管情报宣传的上校(马渊上校,是个顽固且蛮干到底的人物,因作风如此,所以人皆称之为"马渊旋风")也曾到场。这部作品的摄影工作十分困难,全部采用斜穿过马市广场的移动摄影。要求聚集在马市的群众给以协助,也是一项很棘手的工作。同时,广场上到处有泥泞和积水,在这种地方铺上木板,上载移动摄影车,因此这项摄影本身就是俗话说的"干一千次未必成功一次"的工作,难度极大。然而一切都奇迹般获得了成功,拍出了十分精彩的镜头。

今天却要删去这个情节,实在令人气愤。

我坚决反对!

我们的对手是当时用来吓唬夜啼小儿的陆军,更何况此次直接打交道的是马渊旋风,所以事态极其险恶。

山本先生、森田先生(森田信义,本片的制片人)也认为除了删减别无他法,担任剪辑的我却坚持绝对不剪。

首先,所谓禁止白天喝酒,这件事本身就不合情理,荒唐透顶,根本没有讨论的余地。

其次,本来是批准拍摄的,如果说声"对不起,请把这个地方剪掉",还勉强说得过去;现在是不管青红皂白,强制删减,这使人难以遵命。

上映日期迫近了,有一天半夜,森田到剪辑室来找我。我一看他那副神态,立刻说:"不剪啊!"

"我理解！"森田轻轻点了点头，然后说，"你凡是这副表情的时候，我就知道说什么也白搭。但是，光这么拖下去也不行啊。现在你就上马渊上校那里去一趟吧。"

"去干什么？"

"剪还是不剪，我希望有个结论。"

"上校说得剪，我说不能剪，去了也只是互相对峙而已。"

"如果到了那种地步，也就只好那样了。反正你去一趟好了。"

果不出所料，到了马渊上校家里，我就和他相持不下了。

森田一开头是这么说的："黑泽说绝对不能剪。这家伙是有悖情理的事绝对不干。请多多包涵吧。"

他说完就扭过身去，一声不吭地喝起马渊夫人端来的酒。

我和马渊上校把各自要说的话说完了，只好沉默不语，一味喝酒。

马渊夫人不停地端来烫好的酒，每次都放心不下似的，看看我们三个人之后退出去。

这种状态持续了多长时间，我无从计算，总之，马渊上校是个酒豪，他家的酒壶全都拿出来了，而且他夫人端来烫好的酒后就会随手取回空壶，这样往返多次，可见过了相当长的时间。经过长久的沉默，马渊上校突然把面前的小桌挪到旁边，双手触地对我深行一礼："对不起，剪掉吧！"

到了这个地步，我也理解对方的心情了，只好说："好，剪吧！"

这样一来，三个人就不用再喝闷酒了，结果喝了个痛快。我和森田告辞出来的时候，已经是旭日高照了。

好人无寿

山本先生对我的暴躁和顽固十分担心,每当决定让我参加其他摄制组的工作时,一定把我叫去,让我宣誓:"绝对不再发火,绝对不顽固到底。"

正是出于这个原因,我在山本摄制组以外的组担任副导演的次数很少。在泷泽英辅那里当过两次,在伏水导演和成濑已喜男那里只各当过一次。

在其他摄制组任副导演的记忆中,印象最深的是给成濑先生当副导演那次。成濑先生的执导风格,才称得上真正的电影界行家。

我给成濑先生当副导演时,拍的作品是《雪崩》。当然,即使成濑先生这样的行家,在我看来也有其不足之处。但是无论如何,我仍然受益良多。

成濑先生喜欢拍许多短镜头,然后把它们连接起来。

看连接起来的短镜头时，谁也看不出那是短的，就像是一个长镜头，十分流畅，你根本不知道哪里是连接之处。而且乍看起来，这些连接在一起的、毫不引人注目、极其平凡的短镜头，实际上却像深邃的大河一样，表面平静，深处却蕴藏着激流，奔涌向前，一泻千里。先生功力之高超是无与伦比的。

他在拍片时从不浪费时间，连拍到什么时候吃饭这类事情都会事前计算好。唯一遗憾的是事必躬亲，副导演却闲得无聊。

有一天，我无事可做，就在画着云彩的背景布后面，把供拍夜景用的天鹅绒大幕叠起来，躺在上面睡觉。

照明部的助手把我捅醒，他说："快跑吧，成濑先生火了。"

我赶紧从摄影棚的通风口那里逃了出去。

这时，我听到照明助手大声地喊："案犯在云彩后面！"

从通风口出来之后，我就绕到摄影棚的入口处，正好碰上成濑先生从里面出来。我问："怎么回事？"

成濑先生说："不知道哪个家伙，在摄影棚里鼾声大作，大睡特睡，实在不像话，今天只好停拍啦。"

我简直丢人丢透了，却没有勇气说：那是我。

我想，要找个适当的机会向成濑先生道歉才对，可是想着想着，一晃就过了十年。

念念不忘此事的日子里，有一天导演室里正好只有我们两个人，我忽然想起此事，赶忙道歉："成濑先生，真对不起呀！"

成濑先生一愣，连忙问我："对不起？什么事？"

"拍《雪崩》时不是有个家伙在摄影棚里睡觉吗？那就是我呀。"

成濑先生一听，吃了一惊，眼睛眨也不眨地注视着我："原来是你呀！哈哈……"

他纵声大笑。

我向成濑先生深深施礼，诚恳地道歉："实在对不起！"

"哈哈哈……"

成濑先生乐不可支，大笑不止。

给泷泽先生当副导演期间，最令人难忘的是拍《战国群盗传》时到御殿场拍外景时的事。

那时，我还是第三副导演，还没喝过酒。从外景地回来时，旅馆的女茶房给我端来茶水和豆包，我就把泷泽先生那份和第一副导演那份也领来，加上我那份一共六个豆包。我每天吃三人份的，实在可观。

七年之后，我见到了当时每天给我端豆包的女茶房。那是拍我的第一部作品《姿三四郎》之前，到御殿场来采外景时的事情。晚饭时我和摄制组的人一起喝酒，招呼我们的女茶房问："以前来过的黑泽先生还好吗？"摄影师十分惊讶，他反问："你问的那个黑泽先生是干什么的？"女茶房说："就是当副导演的黑泽。"大家吃惊地看着我。摄影师指着我对女茶房说："那黑泽先生就是这一位。"

女茶房把眼睛瞪得圆圆的，仔仔细细地看了看我，红着脸就跑出了房间。大概是七年的时间把我整个变了样。每天吃六个豆包的黑泽和大口喝酒的黑泽，在女茶房的眼里是截然不同的两个人。后来我去厕所路过走廊时，感觉有人在偷看我，悄悄留神一看，只见那女茶房把隔扇拉开一条细缝，仿佛她碰到的是个怪物。她目不转睛地看着我，使我大感狼狈。

《战国群盗传》的剧本是山中贞雄先生（导演）设计、三好十郎先生（剧作家）写的，随处可见山中先生的才华。

我们在最冷的二月份到御殿场拍外景，大雪覆盖着富士山麓的外景场地，足以把人冻僵的北风一天到晚刮个不停，脸和手冻得皲裂，皮肤宛若绉纱一般。

拍外景时，天不亮就得出发，到达现场之后，富士山顶才出现蔷薇色的阳光。

我不能忘记每天去外景场地的路上、开拍之前、休息时和回来时的景色。我这样说可能使泷泽先生不痛快，因为我认为这些景色比拍摄的东西还精彩。

早晨，透过奔驰在昏暗道路上的汽车车窗向外望去，只见当群众演员的农民梳着发髻，身着铠甲，手拿长戈与大刀，纷纷从道路两侧古老的农舍大门拉马出来。这番光景本身就是地道的战国风貌。

这些群众演员翻身上马，跟在我们的汽车后面跑来。他们纵马疾驰，把路旁粗大的杉树与松树抛在后面。这也是很好的战国景象。

到达场地之后，群众演员们就把马拴在树林里，在树林里点上大堆篝火，围着取暖。

此时的树林仍是夜色未消。篝火熊熊，甲胄在身的农民们仿佛出现在火光中一般。此时我甚至产生了错觉，觉得自己就生活在战国时代，一个偶然的机会下与大队绿林豪杰在此相遇。

在等待拍摄的时间里，人和马都待在背风的地方，老老实实地等着。大片的芒草随风摇曳，宛如滚滚波涛。农民们的短发、马的鬃尾，都在寒风中飘舞。云在空中奔涌流动。

这情景，和本片主题歌《绿林武士之歌》的歌词大意完全一致。

那歌词中有这样的句子：

> 难耐思家情，有家在远方。
> 莽莽林深处，长戈草中藏。

从拍这部《战国群盗传》开始,我就和御殿场古老的小镇、富士山麓的原野以及这里的农民和马结下了不解之缘,又拍摄了几部古装片。

拍摄《战国群盗传》获得的经验,特别是调动大批马匹的经验,使我拍出了《七武士》和《蜘蛛巢城》。

这一章将近结束之时,请允许我写一写伏水先生吧。

他的年龄和我差不多,但是年纪很轻就故去了。

伏水本是继承山本先生音乐片才能最合适的人才,却不幸英年早逝。我们称伏水为"水先生",这位电影导演的容貌之美,简直就像画上画的一般,眉清目秀,英姿飒爽。

山本先生也素有美男子之称,而且风度翩翩,所以伏水当山本先生的头号大弟子是最相宜不过的。

可能是他早就当上导演的缘故,谷口千吉、我和本多猪四郎在水先生面前无论如何总觉得自己是弟弟辈。

山本先生告诉我说:"你们的大哥水先生病情不妙。"过了两三天,我在涩谷正等开往东宝制片厂的公共汽车时,水先生突然从火车站的人群里走了出来。

我知道他当时正在关西老家养病,所以大吃一惊。

即使不知道他在养病,看到现在的水先生也会吓人一跳。他的病体十分衰弱,那情形甚至使我感到凄惨。

我不由得跑上前去。"水先生,你怎么啦?出来行吗?"

水先生苍白的脸上露出十分痛苦的表情,过了一阵才强作笑脸。"有什么办法呢？我想拍片子，无论如何得拍片子。"

我无话可说了。他的想法我很理解，为此感到痛楚。

水先生躺不住，他知道不能老想着等到以后再拍片，所以硬撑着走了出来。

这天，山本先生把他送到箱根的某家旅馆里，让他安心静养，可是他已经不行了。

还有给水先生当副导演的井上深，他和我同时进来的，才华横溢，然而还没来得及晋升为导演就逝去了。井上是去菲律宾拍外景时患病去世的。他决定去菲律宾之前，曾找我商量，说可能要去菲律宾，问怎么办好。当时我有种不祥的预感，回答说："还是不去为好。"

现在追悔莫及，要是当初坚决劝阻他就好了。

井上一死，山本先生的音乐片即告终止。

俗话说红颜薄命，看来好人也薄命。成濑、泷泽、伏水诸位先生以及井上深，都去世得太早了。

沟口、小津、岛津、山中、丰田诸先生也莫不如此。

他们都留下未竟事业就与世长辞。

我只能得出这样的结论：好人不长寿。

这可能是追思逝者的感伤吧。

苦 战

我拍完《马》之后就从副导演的职务中解放出来，专写电影剧本，只是偶尔干干山本先生的代理工作。

政府信息局悬奖征集电影剧本，我拿《寂静》和《雪》两个剧本去应征，前者得了二等奖，奖金三百日元，后者获一等奖，奖金两千日元。

当时我的月薪是四十八日元，如果这是副导演工资的最高额，信息局的奖金就真是一大笔钱了。

我用这笔钱和情投意合的朋友们一连几天大喝特喝。日程照例是这样的：先在涩谷喝啤酒，然后到数寄屋桥的一家小菜馆喝清酒，最后去银座的酒吧喝威士忌。

这期间，我们谈的全是电影，所以不能把这些活动说成是无意义的游荡，但是胃增加了无益的负担倒是不可否认的。

把钱喝光之后，我又开始写剧本。

这是我能赚钱的工作。主顾是大映公司。

《角力》《泼妇》就是给大映公司写的。大映公司把稿费寄给了东宝，但是东宝提了五成。我一问理由，答称：你拿着东宝的工资，提成是理所当然的。

大映给的稿费是两百日元，我的月工资是四十八日元，按年薪算是五百七十六日元。如果我给大映写三个剧本，东宝平均一个月赚二十四日元，换句话说，东宝不是用四十八日元月薪雇的我，我是以月薪二十四日元受雇于东宝。

我想，这实在是荒唐事，然而没有去和他们计较。后来大映公司的董事问我收没收到稿费，我一五一十地讲了。那位董事大吃一惊，说了一声"岂有此理"就去了会计室，拿来一百日元交给了我。从此以后，我每给大映写个剧本就办这么个奇怪的手续，形成了惯例。

也许是东宝公司怕我拿稿费太多，喝酒过量出什么毛病。事实上我的确因为喝得太多而患上胃溃疡。每当胃病要发作的时候，我就和谷口千吉去爬山。在山里游荡一天，晚上喝不完一杯酒，马上就睡着了，胃溃疡什么的很快就好了。

好了再写剧本，领了稿费再喝。

这么能喝，是从拍摄《马》这部影片时开始的。副导演很忙，住在旅馆里，吃晚饭的时候没空喝酒，一般是赶紧吃完饭，就东跑西颠地准备明天的工作。等回来的时候，旅馆茶房已经睡了，但是他也觉得我们怪可怜的，就在我们的枕头旁摆上一排酒壶，并在火盆上架一个水壶，以便我们温酒。

我们每天晚上先躺下，然后露出脑袋喝酒。那样子仿佛是探出洞口的蛇一般。就在这期间，我们竟然成了真正的大蟒了。

这种写完就喝的生活持续了一年半，我才着手筹备执导自己写的剧本《达摩寺里的德国人》。

准备工作甫一开始，我的计划就因为胶片受到配给限制而搁浅了。

从这时起，为了当导演，我开始了恶战、苦战的生活。

战争时期的日本，言论自由越来越不被允许，尽管公司决定要拍我写的剧本，内务省检查后却否定了。

检查官的意见是绝对的，不容许提出异议。

当时，皇室的徽章是绝对不容冒犯的，甚至与皇室徽章相像的图案也一概禁止使用。为此，我们在电影中使用服装几乎慎重到神经质的程度，菊花图样或与此相类似的东西概不使用。

尽管如此，有一次我们还是被检查官召去，他告诉我们，影片里有菊花图样，要把那个镜头剪掉。我们说不会有那种事。仔细一查，原来是妇女饰带上画着神庙祭神用的神车车轮。

我把那饰带拿到检查官那里给他看,那检查官又说,尽管的确是神庙的神车车轮,但既然看起来类似菊花图样,那就是菊花了。结果只好把这镜头剪掉了事。

万事都是这样横生枝节,实在让人无法忍受。

那些检查官也迎合时尚,动不动就下结论说我们模仿美国和英国的一套。只要一提不同意见,他们就感情用事,挥舞权力大棒。

我的《森林的一千零一夜》和《桑巴吉塔之花》,就是被内务省这号检查官们左一个不行、右一个否定而葬送的。

《桑巴吉塔之花》里,有一个场景是一个日本人为在同一单位工作的菲律宾姑娘过生日。检查官说这是英美的那一套,开始责难我。

我问他:"庆祝生日不行吗?"

检查官说:"庆祝生日这种行为基本上是英美的生活方式,现在写这种场面,真是岂有此理!"

结果,这位检查官被我诱导进了圈套。他本来是把生日蛋糕当作问题的,可是自己把它升了级,从而否定了庆祝生日。于是我抓住机会向他提问。

我说,那么庆祝天长节也是错误的啦?天长节是庆祝天皇生日的,是国家规定的节日。照你这么说,这是不是符合英美习惯、岂有此理的行为呢?

这位检查官脸色苍白了。

结果,《桑巴吉塔之花》遭到彻底否定。

我认为,那时内务省的检查官们一个个全是神经不健全的人。他们都是迫害妄想狂,都有虐待狂、受虐狂和色情狂的性格特征。

他们把外国影片里的接吻镜头全部剪掉,凡是女人光着脚或露膝的画面,也一律剪掉。

他们把剧本中"工厂的大门敞开胸怀,等待着前来义务劳动的学生们"等词句,都说成是淫秽,别的就可想而知了。这是检查官检查我写的一个电影剧本时说的话。

我始终不懂这句话有什么淫秽之处。可能读这个剧本的人也没懂吧。当然,对于精神不正常的检查官来说,这词句自然是淫秽的了。

为什么呢?因为他会从"门"这个字形象地联想到"阴门"!色情狂对什么都会产生卑劣感情,因为他们本身就是淫秽的。用淫秽的眼光看待一切,一切自然就是淫秽的了。

对这些人,只能说他们是天才的色情狂。

尽管如此,这种名为检查官的杜宾犬(影片《六犬大盗》中出场的德国狗),的确被时代的权力饲养得很好。

再没有比被特殊时代的权力饲养得十分驯服的小官微吏更可憎的了,纳粹就是如此。希特勒当然是个疯子,但是细想一想就能明白,从希姆莱或艾希曼直到他们的基层组织，可以说天才疯子辈出。集中营里从头目到看守，无一不是难以想象的衣冠禽兽。

战争期间内务省的检查官也是一例。他们这些人才恰恰是该被关进监狱的。

我现在是极力控制对这些家伙的憎恨，告诫自己不要行文激烈，但是想起他们的所作所为，就难以控制，恨得我浑身发颤。

我对他们的憎恨竟是如此之深。

战争末期，我和朋友们立下共同誓约，如果真的到了一亿人"玉碎"的局面，我们就到内务省门前集合，把他们杀光之后再去死。

关于检查官的事就到此打住吧。我现在有些兴奋过度，这对身体不妙。

后来拍了脑血管 X 光片我才明白，我的脑大动脉是弯的。据说，正常人全是直的。这种异常是先天的，医生诊断为"真性癫痫"。难怪儿童时代我常常抽风。还有，山本先生也常说我有虚脱症，但是我自己也不知道，好像是在工作中有时会出现短时间的茫然自失的情况。脑最需要氧，一旦供氧不足就会出危险。我这异常弯曲的脑大动脉疲劳过度或者过分激动时，血液循环一间断，就会出现癫痫症状。

总之，我在检查官那里倒了大霉。因为我反抗过他们，所以他们更恨我。

虽然被他们枪毙了两个剧本,但是我还要写下一个,这就是《敌中横断三百里》。

这是根据山中峰太郎的冒险小说改编的电影剧本,描写的是日俄战争时建川侦察队的故事。

日俄战争时的建川少尉,到第二次世界大战时已升为中将,当了驻苏大使。对于把侦察队的事迹搬上银幕的事,他特别感兴趣。因此我想,内务省的检查官大概不会对此说三道四了吧。

其次,那时的哈尔滨附近还住着很多白俄人,其中有很多哥萨克人,还小心翼翼地保存着他们的军服和军旗,这对于拍摄影片是个有利条件。

有了这两个极好的条件,我向公司提出,要拍摄《敌中横断三百里》。

当时东宝公司制片部长森田信义是最高决策人。他看了我的剧本,"哦"了一声说:"有趣……不过……"

总而言之,他说这个剧本很有趣,无论如何也应该把它拍成电影。但是,我是新手,把它交给我拍未免分量太重,云云。

这话一点也没错,我写的这个剧本虽然没有战争场面,但描写的却是大会战之前处于对峙状态的日俄两军。

结果,这部《敌中横断三百里》就呜呼哀哉了。

若干年之后,森田先生想起此事还后悔地说,这是他一生中最大的失策。他说:"如果让黑泽拍了它……虽然我感到遗憾,但当时有不得已的苦衷。"战争时期,电影界本来就是无风三尺浪,苦难重重,当然没余力让我这样一个新手干那样的大事。

拍片计划一落空,经山本先生和森田先生帮忙,这个剧本在月刊《电影评论》上发表了。尽管这样,我的心情仍然相当沮丧。

那时,有一天我在《日本电影》这个刊物的广告上看到了植草圭之助的名字。这本杂志上登载了他写的剧本《母亲的地图》。

我从银座大街的书店里买了这本杂志,刚出书店大门,不期然碰见了植草。这时我看到,他上衣的口袋里装着刊登我那剧本的《电影评论》。

这简直巧得令人不可思议。我和植草从黑田小学时代培养起来的友谊,从这天起又开始延续。

在银座大街见面的这一天,我们俩干了什么,谈了什么,已经忘了。后来,植草进了东宝的剧本部,不久我们就在一起共事了。

我将登山

《敌中横断三百里》的计划化为泡影之后,我觉得自己已经丧失了当导演的希望,只是为了筹措酒资而写剧本,拿到稿费就去喝闷酒。

我写的也都是诸如《青春的气流》《航空兵的凯歌》这类按时局要求,为提高战斗意志而描写飞机工业和少年航空兵的故事。我并没有倾注心血来写,只是全凭技巧一气呵成。

有一天,我从报纸上看到新书广告栏里有《姿三四郎》这本书。

近期即将出版的这部《姿三四郎》,莫名其妙地使我产生了强烈的兴趣。那广告的内容介绍上只是简单地说,它描写了一位柔道天才波澜壮阔的一生。可是我却不知为什么立刻想到:拍电影就要拍它。

为什么要拍它？这原因我也说不出，似乎是触动了灵感。我深信，这灵感没有错。

我马上跑到森田先生那里，给他看了这则广告，还说："给我买这本书来，管保能拍出好电影。"

森田先生十分高兴，他说："好！我也读读它。"

"这书还没出版，我也没读过。"我这么一说，他吃了一惊似的望着我。

我反复对他说："没问题，这书一定能拍成好电影。"

森田先生笑了，说："知道了。既然你那么说，大概没错吧。可是，也不能还没有读过就肯定它不错，书一出版你先读读，好了再来告诉我，马上给你买。"

此后，我每天早午晚三次去涩谷的书店，看书到了没有。书一出来，我立刻买到手。

书是傍晚买到的，我回到家立刻就读，夜里十点半读完。果然不出所料，内容有趣，是拍电影的极好材料。

我没法等到第二天早晨了，深更半夜就去了位于成城的森田先生家。他已就寝，我敲开了他的门。

森田先生睡眼惺忪地出来开门，我就在门厅里把《姿三四郎》塞到他手里。"绝对没错，赶快买过来吧！"

"知道了。明天早晨就叫人赶快去买。"

森田先生一口应承，可是我从他那表情上看得明白，他觉得我这人实在够受的。

次日，企划部的田中友幸（现任东宝公司经理）拜访了《姿三四郎》的作者富田常雄，提出购买电影版权的要求，但没有得到明确答复。

后来我才听说，田中友幸去的第二天，大映公司、松竹公司都向作者提出了同样的要求，而且两个公司都说将由大明星扮演主人公姿三四郎。

幸运的是，富田夫人从电影杂志上读到过对我的介绍。她向富田先生推荐说，这个人可能把影片拍好。

我之所以能拍成《姿三四郎》，多赖富田夫人的美言。

不仅这一次，在我的电影生涯中，但凡在命运攸关的重要时刻，总是意想不到地出现助我一臂之力的人。

这种幸运，连我自己都不得不惊叹。

受惠于这种幸运，我好不容易迈出了当导演的第一步。

我改编了《姿三四郎》，一气呵成，而后带着剧本前往千叶县馆山海军航空基地拜访山本先生。他那时正在拍《夏威夷·马来海海战》。

此行当然为的是请山本先生看剧本，并听取先生的意见。

那个海军航空基地面临大海，巨大的航空母舰甲板上，零式战斗机频频降下或滑行起飞。

山本先生的拍片工作十分紧张，我见到他后，只是寒暄了两三句，接着道明来意，然后告辞。

我在摄影组的宿舍等待山本先生回来，不久山本先生传话给我,说是今晚和海军官兵会餐,回来很晚,让我先睡。

我一直等到十一点,等得乏了,一躺下就睡着了。

我突然醒来,环顾四周,隔壁山本先生的房间原本是关着灯的,此刻却从隔扇处透出了灯光。

我爬起来透过隔扇的缝隙悄悄往里看了看,看到了山本先生坐在被褥上的背影。

他正在读我的剧本!

他一张一张仔仔细细地读,常常把读过的再翻回来重读一遍。那仔细认真的样子,丝毫也没有出席盛宴豪饮归来的倦态。

万籁俱寂的宿舍里,一点声响也没有,只听到山本先生翻稿纸的声音。

我真想走进房间跟山本先生说:"明天早晨您还有工作。您已经够累了,就请休息吧。"但不知为什么,我没敢这样做。因为山本先生的神态庄严到任何人都不敢随便靠近的程度。

我规规矩矩地坐下来,而且一直规规矩矩地坐到山本先生读完我的剧本。

直到现在,我还不能忘记山本先生那时的背影,以及翻稿纸的声音。

那时,我三十二岁。

我应该攀上的绝顶高山,如今只是好不容易到达了山麓,我站在这里仰望着山巅。

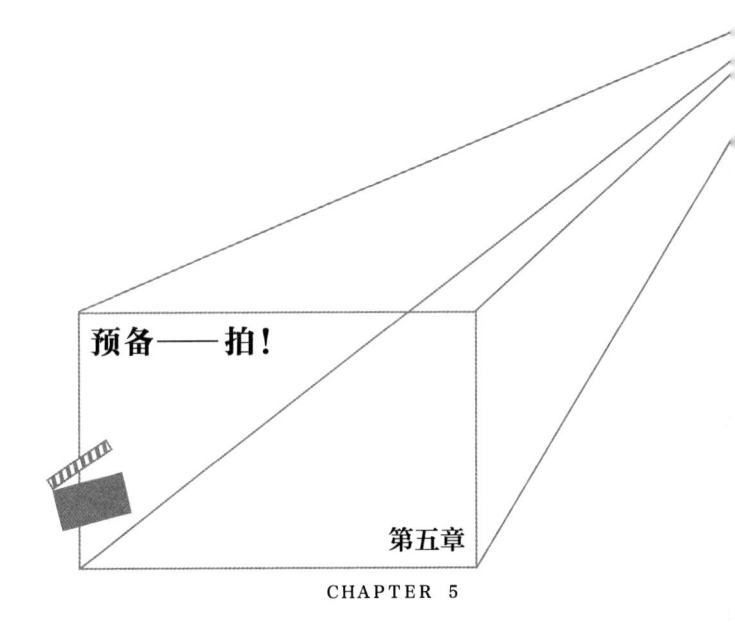

预备——拍!

第五章

CHAPTER 5

预备——拍!

《姿三四郎》开拍了。

外景是在横滨拍的。第一个镜头是三四郎和他的恩师矢野正五郎登上神社长长的石阶走来,这象征着我初任导演迈出的第一步。

正式开拍了,下"预备——拍!"的口令时,我的声音似乎与往常有些不同。原因是我意识到,摄制组的人无不注视着我。我担任山本先生的代理导演时,这口令下过无数次,到了真正拍自己的第一部作品时,却难免感到紧张。

拍第二个镜头时我就不再紧张了,只是觉得有趣,一心想着赶快拍、赶快拍。

第二个镜头的场面是:从石阶走来的三四郎和矢野正五郎看到一个姑娘在神社的大殿前祈祷。这姑娘就是将在警视厅同三四郎比武的村井半助的女儿,此刻她正为父亲获胜而求神保佑。然而三四郎与正五郎并不知情由,为她如此虔诚的祈祷感动,为了不干扰她,他们只在远处朝神像拜了一拜就走了。

那时,扮演这姑娘的轰夕起子问我:"导演,我只是为父亲得胜而祈祷就行了吧?"

我回答说:"对。但请你顺便为这部影片能够拍成一部好作品祈祷祈祷吧。"

在横滨拍外景时还遇到过这样一件事。

早晨,我去盥洗室时,下意识地瞥了一下门厅,只见那里摆的似乎全是男人的鞋,但其中夹杂着一双女人的高跟鞋。那双鞋非常漂亮,估计不是女场记的,轰夕起子又住在家里,不在旅馆。在这除了场记之外全是男人的摄制组所住的旅馆里,这双高跟鞋不能不使我感到蹊跷。

我问旅馆主人这是谁的鞋,旅馆主人流露出难于回答的表情,但在我一再追问下,他只好说了实话。

据他说,藤田(藤田进,演员,扮演本片男主人公姿三四郎)昨晚上街喝酒,把酒吧的女人带回来了,他把那女人安排在另一个房间,此刻正睡觉呢。

对于旅馆主人那不像证人陈述、倒很像律师辩护的一番话,我只好道了声辛苦,并对他说,让藤田到我房间来一趟,然后就回到房间等藤田。

过了一会儿,传来拉隔扇的声音。我悄悄地看了一眼。

藤田把隔扇拉开一条小小的缝，正用一只眼睛窥探我的动静。

藤田方才以及以后的动作，我一成不变地用在了《姿三四郎》中的一场戏里。那场戏是说三四郎在街上打了架，矢野正五郎把他叫去大加训斥。

后来藤田咕咕哝哝，说黑泽先生太过分了。但他自作自受，能怪谁呢？

大概由于藤田有过这种经验，他在那场戏里演得非常好。

还有件事我想在这里提及。

这是我最近碰到藤田时听他说的。他说，有一位导演对于三四郎受到正五郎的训斥之后，说了声"我去死"便跳进莲池，在莲池里过了一夜这场戏，讲了这样一番话："莲花不是夜间开的，开的时候也没声音。"

对于那个场景，我原来打算以太阳光线、月亮的位置和晨雾等等来表现三四郎白天跳进莲池、一直在莲池里待到次日早晨，但是看电影的人没这么想，倒认为莲花是在夜间开放的。既然如此，那就毫无办法了，问题是莲花开时没有声音这句话。

我听说莲花开的时候，会发出难以形容的清爽的声音，所以曾经一大早到不忍池[①]听过。

[①] 今东京上野公园西南的水池，以池中荷花闻名。

我站在黎明前的迷蒙晨雾中听到了这声音。这声音固然微弱，但是在宁静之极的晨雾中听来，确实沁人心脾。

但是莲花开的时候究竟是有声还是无声，对于三四郎跳进莲池这个小情节来说是无关紧要的。

这是一个表现问题，不是事物的规律的问题。

　　古池本安静，青蛙入水始有声。

读了芭蕉的这首名句，认为青蛙跳进水里当然有声的人可以说和俳句无缘。同理，认为三四郎听到莲花开时发出了美妙声音很可笑的人，则是与电影无缘的人。

电影评论家中常有这样的人，看到电影中一些自己认为是缺点的地方就如获至宝，大发谬论，但是电影导演也乐于此道可就错了。

武 魂

　　许许多多的人常问我对自己处女作的感想,这一点,正如我前面已写到的,我只是觉得这部作品有趣,每天晚上都盼望着明天快到,好让我完成明天的拍摄工作,从未感到过辛苦。

　　摄制组的人也都是一心做事,预算不多,但管大道具和服装的人都没有多说什么。

　　"好!"

　　"就交给我吧!"

　　每个人都是拍着胸脯保证,然后按照我的希望置备齐全。

　　此外,独立拍片之前我对自己的导演能力存在的种种疑虑,随着第一个镜头的完成都烟消云散了。所以工作十分愉快,进展顺利。

关于这个问题，我想有的人可能觉得难以理解，所以这里略加说明。

我任副导演时，曾仔细看过山本先生执导的情况，让我大为惊叹的是他事无巨细，都考虑得非常周到。我做不到那样细致入微，所以就怀疑自己导演才能不够。

然而当自己一站在导演位置上，就能很清楚地看到处于副导演（代理导演和副导演并无区别）位置时看不到的情况。这就是说，我发现了这两种位置的微妙差别。

创造自己的东西和帮别人创造东西，两者是根本不同的。况且，导演自己创作剧本，对剧本的理解程度自然比任何人都深。

山本先生说过："如果想当导演，你就先写剧本吧。"我当了导演之后才对这一教诲有了深刻的理解。

因此，《姿三四郎》尽管是我的处女作，拍摄起来却得心应手、游刃有余。另外，这项工作还只是欲登高山而刚到达山麓的一段。既是山麓，也就没有险峻之处，所以它和在山麓野餐一样有趣。

正如《姿三四郎》的主题歌所唱的：

> 去时轻松愉快，
> 回来胆战心惊。

我登上高山，攀着嶙峋怪石奋勇前进，那已是距此极其久远的后话。

虽然说拍摄此片时没有感到多么辛苦，但表现三四郎与桧垣源之助决斗，即最后的高潮——右京原决斗的场面时，的确尝尽了苦头。

这个场面我是这样设想的：一望无际、荒草丛生的原野，大风从荒草上一掠而过。如果没有烈风这个条件，它就不可能具有超过以前六个决斗场面的动人力量。

开始我们用布景制造了荒草丛生的原野，预备用大马力鼓风机制造烈风。等布景做好一看，不仅没有超过其他的决斗场景，拍成的影像也苍白无力，反而把整个作品破坏了。

我马上同公司交涉，要求这场戏用外景。虽然得到了同意，但只给了三天时间。我们选了箱根仙石原作为外景地，这里本来是有名的大风口，可糟糕的是偏偏这几天晴云万里，一直无风。我们面对这种情况一筹莫展，只好坐在旅馆里，从窗口仰望天空，眼看三天之限一晃就过去了。

到了非撤退不可的最后一天，箱根的山云遮雾掩，仍看不出有刮风的征兆。我对摄制组全体人员说，今天要坚持一天。虽然这么说了，但实际上一半是死了心，一半是无可奈何。一大清早我就把摄制组的主要成员和演员叫到一起，大喝啤酒。

过了一会儿，大家略有醉意，破罐子破摔地哼起歌来，忽然，摄制组的一人挥手制止大家，指着窗外让大家看。

只见把箱根外轮山遮住了一半的云开始动了，芦之湖上空的云翻腾奔涌，好像龙要升天一般。

一股凉风从窗外刮进来，把壁龛上的挂轴刮起，咣当作响。

大家无言地互相瞧了瞧便急忙站起，马上展开了一场鏖战。人们提着或扛着早已准备好的摄影器材飞奔而去。

从旅馆到外景现场不算远，只有两公里路。

路上大家顶着强风，弓着腰，艰难地前进。

外景场地是个土岗，尽管野花已凋谢，但花穗仍随风俯仰，就像台风下波涛汹涌的大海一样。原野上空，大风把浓云撕成碎片，风卷云翻，转瞬即逝。

这对我们来说，是最好不过的了。

摄制组和演员在这天佑神助的大风中拼命地工作。

大家抢拍了疾驰的浓云，刚拍完，就又是一片蓝天，刚才浓云翻滚的天气似乎从来就没有过。但没过多久又是一场大风，一直刮到下午三点。这段时间里，我们根本顾不上休息。

刚拍完剧本规定的镜头，我看到一群布巾束发的人担着东西走上荒草土岗。

旅馆的女茶房们抬着装热酒糟汤的木桶来了。

我从来没有喝过这么好的酒糟汤，足足喝了十多碗。

从副导演时代起，我就不可思议地同风结下了不解之缘。那时，山本先生让我去铫子拍大海的波涛，我在那里等了三天，终于等来了大风，拍下了那骇浪惊涛。

为《马》拍外景时，也碰上了大风。我的风衣硬是让大风从接缝处撕开了。

拍《野良犬》的时候，台风把露天布景破坏得一干二净。拍《战国英豪》时，在富士山下竟然三次遭到台风袭击，外景预定地原生林里的树木一棵一棵被刮倒。原定十天完成的外景，结果用了一百天。

不过，拍《姿三四郎》外景时遇到的这次强风，对我来说简直是仙石原的神风。①

唯一的遗憾是自己阅历尚浅，没有很好地利用这难得一遇的神风。

我自以为充分地拍摄了强风中的镜头，到了剪辑的时候才发现，不仅谈不上"充分"，还有许多该拍而未拍下的，使人追悔莫及。

在严酷的条件下，一个小时会使人感到有两三个小时那么长。但那是外界环境使人产生的错觉。实际上一个小时的工作量就是一个小时的工作量，这一点并没有变化。

---

① 仙石原在神奈川县西南，是箱根火山的喷火口。天保年间，但马的出石藩主府邸发生内讧，据传幕府讨伐时因大风而获胜。

所以从此以后，在严酷的条件下，即使觉得已经足够了，我还是会坚持干下去，干完三倍的工作，才能勉强达到够用的程度。

这就是我从《姿三四郎》强风中拍片学来的痛苦经验。

有关《姿三四郎》的事，要写的还很多，要想面面俱到，可能得另写一本书了。因为对于电影导演来说，一部作品就是他人生中的一个段落。

我每拍一部影片，就经历一段五光十色的人生。我从电影中体验了各种各样的人生。也就是说，我是和每一部影片中各种各样的人融为一体生活过来的。

所以，每当我着手拍摄一部新的影片之前，总要花费相当精力把前一部作品和其中的人物忘掉。

但是，现在回顾过去的作品并把它们写出来，好不容易忘却的人物又在我头脑中苏醒过来，他们争先恐后拥挤不堪，提出各自的主张与见解，使我大感为难。

作品中的这些人物，都像是我所生我所养的一般，对他们每个人都饱含浓浓爱意。每一个人我都想写一写，然而却做不到，因为我的作品已有二十六部之多。如果不把一部作品中的代表人物限制在两三个以内，那就无法落笔。

《姿三四郎》的人物中，我最喜欢也最倾注心血的，当然是姿三四郎。但现在细想起来，我对桧垣源之助这个人的感情并不亚于姿三四郎。

我很喜欢乳臭未干的人物。这也许是因为自己永远乳臭未干。反正我对未完成但处于发展过程之中的事物，有着无限兴趣。所以，我的作品中常常出现这种类型的人物形象。

姿三四郎就是这乳臭未干的人物之一。他是没成型的但又十分出色的素材。

我喜欢乳臭未干的人物，但对那种怎么雕琢也不成器的家伙毫无兴趣。三四郎这个人物是一加雕琢便渐渐闪光的素材，所以我在作品中拼命地雕琢他。

桧垣源之助也是略施雕琢即能成器的素材。

然而人毕竟有自己的宿命。这种宿命，与其说寓于人的环境或处境之中，倒不如说寓于适应那种环境或处境的人的性格之中。

既有能够战胜环境和处境、性格淳朴、有弹性的人，也有因为性格刚强狷介而败于环境和处境、终于消亡的人。

姿三四郎是前者，桧垣源之助是后者。

我和三四郎性格相同，正因如此，源之助的性格对我有着难以言喻的吸引力。所以我对于源之助的末路是倾注着爱的感情加以刻画的。在《姿三四郎续》里，我正视了桧垣兄弟的宿命。

对于我的处女作《姿三四郎》，评价大体不错。特别是普通观众，由于战争期间缺乏娱乐，对它几乎是狂热的。

日本陆军方面，大多数人认为它不过是冰激凌和甜点心，日本海军情报部则认为它是好电影，电影的娱乐要素是很重要的。

下面我要写一写内务省检查官对于本片的意见。这个意见足以气破我的肚子，损害我的健康。

当时，内务省把导演的第一部作品作为导演的考试答卷来对待，所以《姿三四郎》一完成就立刻被送到内务省，接受他们的考查，考官自然就是检查官了。这位检查官找来几位导演莅席，举行导演考试。

参加我这次考试的电影导演原定有三位：山本先生、小津安二郎先生和田坂具隆先生。山本先生有事脱不开身不能出席。他知道我和检查官早就水火不相容，所以事前把我叫去，说有小津先生在，大可放心，并对我勉励了一番。

我被叫去参加考试那天，心情郁闷，在内务省的走廊上来回踱步，看到两个杂役少年在走廊上摔跤。其中一个喊着"山风来了"，模仿三四郎的拿手招数，将对方摔出去。由此可知，他们一定看过送审的影片了。

考官们却让我在这里足足等了三个小时。

在这段时间里，那个在走廊上模仿三四郎招数的小杂役，大概出于同情或怜悯，给我端来一杯茶，而且只此一次。

好不容易等到开考，岂料这考试就更不像话。

房间里摆着一条长桌，检查官坐了一排，田坂先生和小津先生坐在末座，小杂役坐在横头。大家都在喝咖啡，连小杂役都有一杯。

桌子前面放了一把椅子，让我坐在那里。我简直成了被告！

当然，我是没有咖啡喝的。

那气氛好像我拍《姿三四郎》犯了弥天大罪。

然后检查官开始宣判。

他发言的基本精神照例是老一套，说作品模仿英美。他特别指出，神社石阶上的恋爱镜头（这是检查官说的，实际上那根本谈不上是恋爱镜头，仅仅是男人和女人在这里遇上了）是模仿英美的。那口气纯粹是官老爷的指示，絮絮叨叨，没完没了。

我想，如果认真地听下去，准得气破肚皮，于是眺望窗外，不停告诫自己：尽最大的努力，什么也不听。尽管如此，检查官怀着深仇大恨般的带刺的话仍然使我难以忍耐。

我没有办法使我的脸毫不变色。

狗娘养的！随你的便！

我抄起椅子砸你这狗娘养的！

想到这里，我刚要站起来的时候，小津先生起身发了话："如以一百分作为满分，《姿三四郎》可打一百二十分！黑泽，祝贺你！"

小津先生说完，那检查官当然不服，可是小津先生连理都不理他，走到我跟前，悄声告诉我银座大街一个小酒馆的字号，然后说："喝你一杯喜酒去！"

之后我到小酒馆等小津先生，不大工夫，小津先生和山本先生就到了。

小津先生似乎是为了安慰我，对《姿三四郎》大加赞扬。但我始终余恨难消，老是在想，假使我抄起那把被告席一样的椅子砸了那个检查官，一定痛快之至。

直到现在我还感谢小津先生，也因为没砸那家伙而感到遗憾。

苦尽甘来

担任导演之后,使用作品的名字来做我年谱的索引比较方便。比如:

《姿三四郎》:一九四三年,三十三岁。

《最美》:一九四四年,三十四岁。

这里的年份是该作品公映的年份,一般说来,作品是上一年开始拍摄的。

《最美》是一九四三年开拍的。着手拍摄这部作品之前,海军情报部曾把我请去,商量能否给他们拍一部表现零式战斗机的战争片。

零式战斗机被美国空军称为"黑怪物",他们很怕它。海军情报部认为,如果以它为题材拍成影片,可能有助于提高战斗意志。

我回答说,暂且让我考虑考虑。但是,那时战败之兆已经暴露无遗，海军战斗力已告枯竭，无力提供拍电影用的零式战斗机了，所以这件事后来再也没有提及。

《最美》就是为弥补这项落空的计划而着手拍摄的作品，描写的是女性参与军需品生产的故事。

影片以设在平冢的日本光学工厂为舞台，表现在这里生产各种军需品的姑娘们的生活。

动手之前，我决定把它拍成半纪录片式的作品。绝不是用这个工厂做舞台在这里拍"戏"，而是像纪录片似的，把在这里劳动的姑娘们的活动记录下来。

为了达到这个目的，工作的第一步就是除掉年轻女演员身上积存已深的脂粉气。

我想把她们的脂粉气、矫饰、表演味儿和演员特有的自我卖弄等等全都剥掉，恢复淳朴少女本来的面貌。所以先训练她们跑步，让她们打排球，组织鼓乐队天天练习，而且还让她们这个鼓乐队上街游行。

女演员们并不怎么反对跑步和打排球，却很反感众目睽睽之下组成鼓乐队上街游行，不过多去几次之后也就不在乎了。面部的化妆也马虎了事，乍看起来，很像一个健康活泼的少女集体了。

然后，我就把这个集体送进日本光学工厂的集体宿舍，每个车间各派几名，让她们跟工厂的姑娘们一样干活儿。

现在看来，这样的导演可算够厉害的了。

当时她们都能顺从地按我的计划行事，也因为正值战争时期，她们自然而然会同意我这种安排。

其实，我也并非有意识地那样做，只是认为这部作品本来就以"灭私奉公"为主题，必须那样处理，否则就变成毫无现实感的拉洋片式的东西了。

女工宿舍的舍监由入江高子担任，入江以其天赋的厚道，博得青年女演员们的一致尊敬，对我的工作帮助很大。

女演员进入女工宿舍的同时，我们摄制组的全班人马也住进工厂。

我们宿舍的早晨，以远远传来鼓乐队的声音宣告到来。一听见鼓乐队的演奏，我和全体摄制组人员立即起床，快速着装，跑步到平冢的铁道口。

布巾束发的鼓乐队，演奏着单纯却又欢快勇敢的曲子，走在青霜满地的大路上。她们吹着管乐打着鼓，斜眼瞧我们摄制组全体人员一眼，便走了过去。

我们目送她们进了日本光学工厂的大门，然后返回宿舍，吃过早饭就去工厂拍片。我们的心情和工作方法，同拍纪录片完全一样。

在各车间劳动的女演员们，各自表演剧本指定的戏。现在她们注意的不是摄影机怎样拍摄她们，而是她们所干的活儿和操作的机械。因此，她们的眼神和动作中几乎完全没有演戏的成分，充满了劳动者朝气蓬勃的内在美与奇妙魅力。

在将各车间忙于工作的女演员们的特写镜头剪辑在一起后,这种精神状态就很好地表现出来。

这一部分画面里,我在大号吹奏的《忠诚进行曲》背景音乐里加上了战鼓声,使效果更像前线的士兵队伍般威武雄壮。(滑稽的是,虽然我在这里用了大号吹奏的进行曲,内务省的检查官看片子时却没有说这是模仿英美。)

当时工厂食堂里的伙食很差,不是碎稻米加玉米,就是碎稻米加稗子,菜全是被浪打上岸来的海藻一类的东西。摄制组的人觉得,女演员们吃这样的饭菜每天干八小时活儿实在可怜,便分头去买白薯,用我们宿舍的澡盆式的锅煮好给她们吃。

本片中扮演队长的女演员矢口阳子后来和我结婚了,那时,她作为女演员代表常来找我交涉。这人非常泼辣、顽强,因为我也是这样的人,所以常常演化成正面冲突。每到这个关口,入江总是连忙插进来,煞费苦心地说和。

总而言之,大家为这部《最美》经受了各种特别的辛劳。

我认为,女演员们不可能再次经历这种辛苦,她们远比我自己和摄制组的人劳累。

是否出于这个原因不得而知,但这部作品里的女演员们,在作品完成之后几乎全都不当演员而结婚了。其中,很有才华、将来定能出色的演员不在少数,所以我觉得她们匆匆结婚究竟是可喜还是可悲,就难下结论了。

我不愿意听到的是由于我这个导演蛮干,才导致她们不当演员。但后来听那些结了婚的人说,她们结婚并不是由于这个。据她们说,把当演员时形成的层层"外壳"剥掉,恢复为普通妇女,按照这种普通妇女的道路前进,归宿就是结婚,仅此而已。

然而这样的回答总使我感到,这是有意在替我掩饰过错。

准确地说,我应该想到,是我强加给她们的苛刻要求才使她们放弃了演员这个职业。

老实说,这些女演员干得非常出色。

《最美》虽只是我众多作品中的一部,却是我最喜欢的。

冷镜头

《姿三四郎》票房很高,所以公司让我拍续集。

这就是商业主义的致命之处。电影公司发行部似乎连"不可守株待兔"这个谚语都不知道。

他们以为一部卖座影片的续集也必然会成功,于是不想再开拓新的领域,总想旧梦重温。重拍的影片绝不如前作,这虽然是已经证明的事实,但他们还要重蹈覆辙,这才是地地道道的愚蠢之举。

重拍的人避忌以前的作品,仿佛是以残羹剩菜为材料做出不伦不类的菜肴,观众看这种东西当然是够倒霉了。

《姿三四郎续》不是重拍,还算好一些,但它毕竟是重煎的药。为拍这部影片,我不得不勉强鼓起创作热情。

在桧垣源之助的弟弟为给哥哥报仇而向三四郎挑战的故事中,源之助从他弟弟桧垣铁心身上看到了从前的自己,因而感到苦恼。对这个情节,我很感兴趣。

这部作品的高潮是三四郎与铁心在雪山上决斗。在发哺(温泉、滑雪场)拍外景时,发生了两桩可笑的事。

一件是我帮着搭建外景的小木屋时,手套上沾着雪就去烤火,结果手套湿透了,到了傍晚,手已冻得失去知觉,全体人员只好逃回温泉旅馆。那时我想直奔浴室跳进热水,但那温泉太热下不去,我就想加入一些凉水。结果从水槽里打上水来,一不小心在结了冰的冲洗池那里滑倒,把一桶水从头淋到脚跟。

我一辈子也没有感到过这么冷。

这可能和前面提到过的山本先生表现"热"的短镜头剧本不相上下,堪称表现"冷"的短镜头剧本之最了。

我光着身子让冷水这么一浇,全身直打哆嗦,还得往温泉里兑凉水,正在名副其实地艰苦奋斗时,摄制组的人来了。

他们听到我喊帮忙,看到我上下牙打架,急忙汲来桶热水,兑上凉水之后,从我头顶往下浇。我方才觉得活过来了。

这么简单的事,自己本来能够办好的,却弄成这样。看来人过于慌张就会变成傻瓜。

另一件可笑的事情是关于桧垣源之助最小的弟弟。

桧垣最小的弟弟源三郎有些精神不正常,给他扮装可是煞费苦心。他头戴的假发活像能乐道具，脸涂成白的，嘴唇用口红染成赤红，再穿一身白，手上拿着一根细竹竿（能乐中的疯子都拿这种东西）。

扮演源三郎的是河野秋武。有一天，他的戏很快就拍完了，所以提前回旅馆。

当时的外景场地在一个积雪很深的山崖上。我站在山崖上往下看，只见七八个滑雪的人从山崖下往上走来。

那些滑雪的看了看前方，忽然停步，立刻转身往回猛跑。

难怪他们逃跑，在这没有人烟的深山里，看到这身打扮的源三郎朝自己走来，当然非逃不可。

这就跟我一样，干了这一行，很多时候本来毫无恶意，却把别人吓个半死。

后来我在旅馆里碰见这些滑雪的，说明实际情况后，向他们道了歉。

这次外景拍的是姿三四郎与桧垣铁心在深雪中决斗，戏的要求是两人都赤着脚，所以演员也着实辛苦。

直到现在，藤田进见了我还喋喋不休地谈他演戏时如何冻坏了脚，抱怨我的话说个没完。

藤田在上部电影里扮演三四郎时，我曾让他在隆冬二月跳进水池。这回又让他在深雪中打赤脚，难怪积怨更深。老实说，我并不是跟他过不去，成心让他倒这个霉。

我跟他说，多亏这部戏，你才成了明星，这一点要想得开才对。

《姿三四郎续》成绩不太好。评论认为,黑泽明有些自满了。实际上我并没有自满,唯一的原因,是我没有为它使尽全力。

何处是归程

《姿三四郎续》公映的同月,我结婚了。

准确地说,一九四五年,我三十五岁时,和女演员矢口阳子(本名加藤喜代)于明治神宫结婚礼堂举行了婚礼。

媒人是山本嘉次郎夫妇。

当时父母已经疏散到秋田老家去了,未能出席婚礼。

婚礼的第二天早晨,美军飞机空袭东京。当天夜里,B29轰炸机大规模轰炸东京,明治神宫起火。所以,我们没有结婚纪念照。

婚礼在异常紧张的气氛中匆匆举行,婚礼进行中就听到了空袭警报。

当时,申报结婚的能领到特别配给的一合①酒,只够喝

---

① 日本计量单位,1合约180毫升。

"三三九度①"交杯酒而已。我领到后，去礼堂之前尝了尝，原来是十分糟糕的合成酒。

在礼堂里喝"三三九度"交杯酒时，我喝的却不是合成酒，而是上好的酒，真想多喝两盅。

妻子娘家举行的喜宴上，只拿出一瓶三得利牌的角瓶酒。

谈结婚典礼却只谈酒，可能会惹得妻子不高兴，但为了如实写出当时的婚礼情况，我认为这些话也是必须说和必须写的。

总而言之，连婚礼都如此简单草率，那么婚礼之前的情况当然也没什么浪漫的了。

事情的起因是父母疏散到老家去了，森田先生（当时任制作部长）看我生活辛苦，就跟我说，是否该考虑结婚了。

我问他，对象呢？森田先生说，矢口不是挺好吗？

我也觉得确实不错。可是拍《最美》时净和她吵架，因此，我说此人不大好对付。森田先生则笑眯眯地说，你找这么个对象正合适。

我觉得说得也是，所以决定向她求婚。

她的回答是：考虑考虑。

这样，我为了推动婚事尽快有个眉目，就托了一位要

---

① 日本传统婚礼上新郎新娘交换三只酒杯，每只交换三次，共九次，交杯结束即结为夫妇。

好的朋友，请他成全这件好事。托是托了，事情却毫无进展。

我实在等得不耐烦了，就对矢口说，到底是行还是不行，你就说个痛快话吧。这完全是山下奉文占领新加坡时同对手谈判的口气。

这时她说："最近几天就答复你。"说完我们就分手了。下一次见面时，矢口交给我一大叠信，她说："你看看吧，我怎么能和这样的人结婚呢？"

那些信是我托的那个朋友写给矢口的，看了这些信，我简直惊得目瞪口呆。

那些信的内容全都是骂我的。此人在骂人上堪称天才，信中充满憎恨我的字眼，使人感到鬼气森森。

他答应成全我们的婚事，却以百倍热情加以破坏。而且此人经常和我一起造访矢口的家，在我面前极力装出一副热心玉成其美的面孔。

矢口的母亲看了那些信问她："骂人的人和相信那人并一直被他骂的人，你相信哪个？"

结果，矢口和我结婚了。

结婚之后，那家伙仍然若无其事地来访，矢口的母亲坚决不让他进家门。

直到今天我仍然不懂，我根本没有干过招他如此憎恨的事，人的心灵深处究竟隐藏着什么呢？

后来我见识过许多人，有骗子、财迷、剽窃者……但

247

是他们都有一张人的面孔，这就不好办了。

啊！原来只有这帮家伙才总是一副讨人喜欢的面孔，说的话总是那么八面玲珑、滴水不漏，这就更不好办了。

我们的婚后生活，对妻子来说似乎是很为难的事。

妻子因为结婚就不再当演员了，可是我的薪水还不到她的三分之一。她似乎做梦也没想到导演的薪水会如此之低，生活会过得如此艰苦。

《姿三四郎》的剧本稿费给了一百日元，导演费一百日元。后来，《最美》和《姿三四郎续》的稿费、导演费各提高了五十日元，但是多半用作出外景时的酒资了，生活上当然很拮据。

拍《姿三四郎续》时，公司和我正式签订了导演合同。这就是说，之前拍摄的这一段时间我是公司职员，但按规定，从此以后我算离职职员。为酬答职员在职时的功劳，应发放离职金。可是当我申请离职金的时候，公司却说，为了我将来的生活考虑，钱必须积存在公司里，不予支付。

这笔离职金直到今天还未给我。

真是为了我将来的生活给我存的吗？我欠东宝不少账，他们大概是想拿这笔钱顶账吧。

总之，离职金拿不到，新婚不久我们就为生计发愁了。所以，除了写剧本赚钱别无他法。

为此，我曾经同时写过三个剧本。

大概是因为年纪轻才能这样干吧，但那时也同样累得筋疲力尽。三个剧本写完的当天夜里，我喝着酒，禁不住泪如雨下。

跨过太平洋

我新婚不久,感到有遭受空袭的危险,就把家从涩谷的惠比寿迁到了世田谷的祖师谷。

搬家的第二天,涩谷的那所房子就遭空袭烧光了。

战争朝着失败的道路急转直下,东宝制片厂全凭饿着肚子的人们苦撑着。出乎意料,我们仍非常繁忙地继续拍片。

制片厂中央的广场上,忙着干活的人们都蹲在这里谈工作。因为大家都是腹内空空,蹲着说话比站着好受些。

那时,我写了剧本《爱我长矛》,预定由大河内传次郎和榎本健一主演,正准备开拍。这个作品的最后一场戏描写的是桶狭间之战的早晨,信长及其手下纵马飞奔前往会战的场面。为了选择地点和调配马匹,我去了山形县。

但是,一向以盛产名马闻名的山形县,现有的马不是老得掉牙就是有病,能跑的一匹也没有。

结果，此次山形县之行，似乎只是为了得出《爱我长矛》这部影片根本无法拍摄的结论才去的。当时，我顺便多跑几步路去了秋田县，看望了疏散到乡下的父母，这是此行的唯一收获。

到父母家时，已是半夜了，我咚咚地使劲敲大门。为了照顾年迈的父母，姐姐种代也随两位老人到了这里，当她从门缝看到是我时，喊了一声"是小明啊"，就扔下我，撒腿跑进厨房去淘米，我简直被她这荒唐的举止惊呆了。

这实在可笑，然而我笑不出来。看到连顿米饭也吃不到的弟弟，做姐姐的此时此刻唯一的愿望就是让他赶快吃上一顿米饭。姐姐这种心情使我感动得落泪。

在这里和父亲共度的几天，也是我们最后的团聚。

父亲看过《姿三四郎》之后疏散到此地，并没有见过他的儿媳，所以总爱打听儿媳如何如何。

战败后不久，我就当了父亲，而我的父亲还没来得及看到孙子就去世了。

我回东京的时候，父亲给我装了满满一背囊大米。

父亲是想，哪怕让怀孕的儿媳多吃上一碗米饭也好，这心情我十分理解。那背囊沉得可怕，甚至稍一马虎就会被它坠个仰面朝天，我背着它上了挤得满满的火车。半途的一个车站上，一个陆军军官带着老婆硬从车窗里钻进来，乘客中的一位老太太发了几句牢骚，那军官就厉声恫吓，说什么污辱了帝国军人。老太太绝不示弱,大声斥责他:"帝国军人有什么了不起?你这帝国军人干的是什么事!"结果,这军官直到在东京下车也没敢回驳一声。

那时,我深深感到:日本在这场战争中败了。

第二天早晨,我背着装满大米的背囊回到了祖师谷的家,在门厅里坐下来。我本想背着它再次站起来,但无论如何也做不到了。

《胆大包天的人们》是《爱我长矛》毫无开拍希望之后,为了补空子而草成的急就之作。

原定计划是以《劝进帐》为基础,用《爱我长矛》的原班人马演这部片子。大河内传次郎仍演弁庆,只是为了给榎本健一安排个重要角色,必须加上一个原作里根本没有的人物,所以我对公司表示,会在两天内把剧本写好。这部片子的拍摄对正为拍不成影片发愁的公司来说,真是求之不得的好事。

我还对公司说,这部影片只用一组布景,外景利用当时制片厂后门外的大片皇家树林就足够了。公司非常高兴。

然而这件事竟成了望梅止渴、十分荒唐的事。

就在这部《胆大包天的人们》拍摄工作进展得十分顺利的时候,日本战败了。美军来了,美国大兵常常"光临"我们的布景场地,有时还是大批地来。他们大概觉得我的作品所表现的日本风俗有趣,就又是拍照,又是用八毫米相机拍摄,其中一个家伙甚至要求我给他拍张他即将被日本刀砍死的照片。这种局面实在无法应付,有时只好停拍。

有一天,我到摄影棚的天桥上俯拍,这时,一群以一位将官为首的美国军官走进来。这群人安安静静地参观完就走了,其中就有约翰·福特。

后来我在伦敦听约翰·福特谈及此事,吃了一惊。

大概约翰·福特知道我的名字。他当时问起我,并在临走时请人向我转达致意,但没有人告诉我。

谁也没告诉我他留的话。在伦敦见到约翰·福特之前,我还根本不知道他到我的摄影棚来过。

那么,这部《胆大包天的人们》结果怎样了呢?说起来还得请检查官出场。

美军一进驻日本,就开始清算日本的军国主义,首先开除的就是司法警察和检查官。

可是,检查官却通知我去。据说,他们对《胆大包天的人们》有异议。

对于这件事,森先生(森岩雄,当时是主管制片的董事)也吃了一惊。他把我叫到他那里,一见我就说,现在的检查官没有指手画脚的权力了,你就大摇大摆地去,痛痛快快地臭骂他们一顿。

我一直就憋着这口气。过去,森先生遇事总是嘱咐我要心平气和,这回叫我去臭骂他们一顿,可见时至今日,检查官还要我前去,连森先生也实在看不下去了。

既然森先生都这么说,我就劲头十足,兴冲冲地去了。

果然不假,检查官已经迁出内务省搬到别处去了。他们用一个铁皮桶烧文件,把椅子腿拆下来当柴烧,此情此景,充分显示出羽翼凋零的掌权者们可悲的末路。

然而这帮家伙仍然耀武扬威,居然气势汹汹地对我说:"这部《胆大包天的人们》简直不像话。这是糟蹋日本古典艺术歌舞伎《劝进帐》,嘲弄歌舞伎。"

这绝不是我现在夸大其词,而是把他们当初的话一字一句照抄下来的。这些家伙的话,即使我想忘个一干二净,也难以做到。

对这帮家伙的责问,我这样回答:"你说电影《胆大包天的人们》是糟蹋歌舞伎《劝进帐》,照这么说,那《劝进帐》就是糟蹋能乐《安宅》了。[①] 你还说我这是嘲弄歌舞伎,我根本没有这个想法,不知道影片哪个地方表现出你所说的嘲弄。对这一点,请你具体指出来。"

所有检查官一时都无话可答,沉默片刻,其中一个开了腔:"往《劝进帐》里塞个榎本健一这件事,就是嘲弄歌舞伎!"

[①] 日本古典能乐作家观世信光把源义经与弁庆逃出安宅关的故事搬上舞台,成为名作《安宅》,后歌舞伎作家并木五瓶将此剧移植于歌舞伎,即为《劝进帐》。

我说:"这实在可笑。榎本健一是位非常出色的喜剧演员。只因为他扮演了一个角色,就说这是嘲弄歌舞伎,你这话本身就是嘲弄了出色的喜剧演员榎本健一。难道喜剧低悲剧一等吗?堂吉诃德有桑丘这个喜剧式的人物当他的随从,源义经一行人有一个榎本健一这样强有力的喜剧人物当他们的随从,又有什么错呢?"

他们论点混乱,我勃然大怒,口若悬河地跟他们展开了辩论。

这时,一个自命不凡的年轻检查官蛮不讲理地说:"反正你这作品不成体统。拍这样乌七八糟的东西,你打算干什么?"

这时,我把憋了很久的气全朝这年轻的家伙撒了出来。我说:"废物们说别人的作品是废物,这恰恰证明人家的作品不是废物。乌七八糟的家伙说别人的作品乌七八糟,这该是非常有趣的事吧?"

那年轻检查官的脸变成青、红、黄三色了。

我欣赏了一阵那家伙的脸色,站起身大踏步走了出去。

后来,这部作品被美国占领军总部下令禁映。原因是日本的检查官从《关于拍摄中的日本电影的报告》中,把《胆大包天的人们》删去了。因此,这部作品就成了未曾报告的不合法作品,遭到禁映。

但是,三年之后,占领军总部电影部门的主管官员看了《胆大包天的人们》，认为很有趣，解除了禁映令。

有趣的作品谁看都感到有趣。当然，那些乌七八糟的家伙例外。

接下来，我想简略地谈谈美国检查官的问题。

日本战败，美军进驻日本，民主主义受到讴歌，言论自由恢复（在麦克阿瑟的军政允许的范围内），电影界仿佛苏醒一般重新开始活跃了。（对我们来说，内务省的检查官被赶了出去，这比什么都值得高兴。）

过去，我们什么想法也不能说，现在则能够把过去藏于内心的一切都一吐为快了。

战败之后不久，我曾以《饶舌》为题写了个独幕剧，以喜剧的形式，借市井上开鱼铺的一家三口，描写了日本人一吐为快的现实状况。

这出《饶舌》引起占领军总部戏剧主管官员的兴趣，他把我请去，谈了整整一天。

我不知道这个美国人叫什么名字，他似乎是个戏剧专家，对我这出话剧的每一句台词、人物的每一个动作，无不详详细细、入理入微地问了个明明白白。

对于我的回答，他有时莞尔，有时捧腹。

而今，我把这件事写在这里，是因为那时我感到心里有股不可思议的喜悦。这种喜悦是战争时期不曾有过的。

这喜悦不该是不可思议，而是理所当然的。

不是排斥对方的见解，而是以互相理解为前提——和这位美国检查官的谈话，使我很激动。

我是从没有创造自由、对创造出来的东西概不尊重的时代生活过来的，这个时候我才开始真实地感到，对创造自由和创造物的尊重确实存在。

那时我没有问那位占领军总部戏剧检查官的名字，真是遗憾。

当然，美国的检查官并非人人如此，但是无不以绅士态度对待我们，没有一个人像日本检查官那样把我们当作犯人。

只有一个日本

战后,我的工作也上了轨道。在谈这方面的情况之前,我想再一次回顾战争时期的自己。

战争期间,我并没有抵抗军国主义。很遗憾,不能不老实说,我没有积极抵抗的勇气,只有适当的迎合或者逃避。

这是可耻的,然而它是不能不老老实实承认的事实。所以,我没有大言不惭地批判战争时期诸种事实的资格。

战后的自由主义和民主主义,都是外力赋予的,而不是靠自己的力量斗争得来的。所以我想,要想把它真正变成自己的东西,就必须认真地学习,谦虚谨慎,必须有从头做起的决心才行。

但是,战后日本的潮流是把自由主义和民主主义囫囵吞枣似的吞了下去,以为只要这样就可以了。

一九四五年八月十五日,为了听天皇宣读诏书的广播,我被叫到制片厂。那时我在路上看到的情景永远难忘。

去的时候，从祖师谷到制片厂的商店街上，感觉真有一亿人抱着宁为玉碎的觉悟一般，非常紧张。有的老板拿出日本刀，拔刀出鞘，目不转睛地看着那刀身。

我早就料想到这次是结束战争的宣言。看到眼前这种情景，我就想，日本究竟会发生什么事呢？

然而在制片厂听完战争结束诏书回家的路上，那气氛完全变了，商店街的人们仿佛处于节日的前夜一般，都在喜不自胜地干活儿。

这究竟是日本人性格中的韧性，还是软弱？

我只能认为，日本人的性格中至少有这两个方面。

我自己身上也有。

假使不是宣布战争结束的诏书，而是号召举国玉碎的什么书，那么，我在去的路上看到的那些人，可能已经一个个都死掉了。恐怕我也难免一死。

我们接受了以看重自我为恶行、以抛弃自我为良知的教育，习惯于接受这种教育，甚至毫不怀疑。

我想，没有自我完善，那就永远也不会有自由主义、民主主义。

我战后的第一部作品《我对青春无悔》，就是以这样的自我为主题。

谈这部作品之前，我想再稍谈一点战争时期的自己。

我们在战争期间都像聋哑人一样，什么也不能说。想说的话，也只能像鹦鹉学舌似的反复重复军国主义那一套。

所以，要表现自己，就必须寻找与社会问题毫无关联的表现方法。当时俳句之所以流行就是这个缘故。高滨虚子的花鸟讽咏之道，直截了当地说，就是用不着担心受检查官申斥。

东宝制片厂也组织了俳句会，常借东京郊外的寺院开展活动。这并非是为了吟咏俳句、自得其乐，而是因为一离开东京，就能找到些吃的东西。饿肚子的人聚在一起，头脑空虚，搜肠刮腹也作不出什么好的俳句来。当然，不论什么事，不倾注全部心思是不会有成就的。

当时我也作了不同题材的俳句，但没有一首能在这里公之于众，全都是忸怩矫饰的肤浅之作。

那时，我从虚子的书上读到一首他大加推崇的俳句。那是一首以瀑布为题的作品：

　　瀑布来高处，源头之水皆平静，到此成激流。

我吃了一惊。这首俳句似乎是外行人所作，但它那淳朴与认真的观察，朴素而纯真的表现，仿佛朝我脑袋狠击了一拳。

我已经厌恶自己只注重字句雕琢的作品，同时也发现自己才疏学浅，因而感到羞耻。很多事情就是这样，自己满以为懂了，实际上并没有懂。所以我想，应该重新学习日本的传统文化。

在这以前，关于陶器和瓷器我一无所知。至于其他工艺品，也只有一点皮毛的知识，更谈不上对它们的美有所认识了。除了绘画，我对其他艺术门类几乎没有任何欣赏能力。至于日本独有的艺术能乐，我根本连看都没看过。

我先拜访了对日本古代家具什物知之甚详的朋友，求他教给我陶器、瓷器方面的知识。

以前，我对这位专事古董的朋友多少有些蔑视，但在接受这位朋友教诲的过程中，我发觉不应该只把古董理解成一种爱好。古董一行其实大有研究。原先认为那是一个人单纯出于喜好，隐居在家无所事事，实属肤浅之见。从研究学问出发，探讨日本文化史，通过艺术欣赏学习日本的古代文化，实乃一门深奥的学问。

从一只只古老的饮食器皿中，能了解那一时代的状况和人们的生活方式。仅从陶瓷器来看，我就深深感到自己知识太少，应该学的很多，需要吸收的东西简直多到无限。

那还是在战争时期，我在美学修养上可以说处于饥馑状态，所以很快就沉溺于日本传统的美的世界了。这也许是为了逃避现实，然而我却因此学到了很多东西。

那时，我第一次看了能乐。

其后，我贪婪地读了世阿弥的艺术论著，以及有关世阿弥的文献和其他有关能乐的书。

我被能乐吸引，对它的独创性不胜惊叹，也许是因为它的表现形式和电影截然不同。总而言之，我趁此机会看了多次能乐。能欣赏喜多六平太、梅若万三郎、樱间金太郎的表演艺术，不能不引以为幸。

这些大师表演的节目很多，也使人难忘，其中，我印象最深的是万三郎的《半蔀》。

那次，舞台外雷雨交加，我看着万三郎的表演，根本没听到外面的雷雨声。万三郎从花棚出来，开始了花神之舞，这时，仿佛夕阳也喜爱她的舞姿，亲切地照在她的身上。

啊，夕颜花开了。我在奇妙的恍惚中这么想。

日本人也有这种独特的才能。

战争期间，从国粹主义观点出发，对民族传统和民族主义大加赞扬，成为一时的风尚。但是，即使不站在这种自我陶醉的立场上，我觉得也完全可以向全世界大大夸耀日本独特的美的世界。

这种认识，使我产生了自信。

到《罗生门》为止

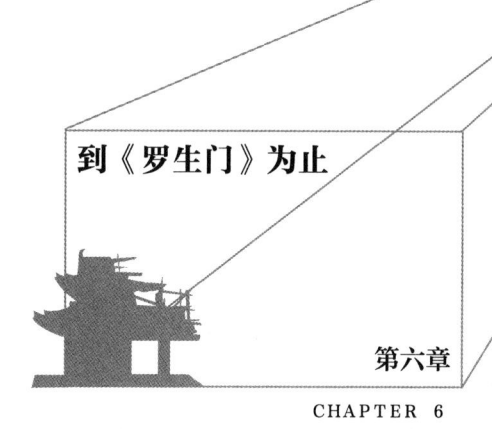

第六章

CHAPTER 6

苏 醒

《我对青春无悔》是战后我的第一部作品的片名。

此片公映之后,报纸、期刊等到处使用"我对……无悔"这个句式。

但是,对我来说,这部作品却正好和片名相反,是很有愧的。因为这部作品的剧本,是违背我的意愿重写的。

这部作品诞生于东宝两次罢工之间。一九四六年二月东宝第一次罢工,同年十月第二次罢工,两次罢工之间相隔的七个月,就是这部作品的制作时间。

第一次罢工的胜利,使从业员工的工会壮大。他们对作品的意见强而有力,此时组织了剧本审议会。

根据剧本审议会的意见,不得不修改《我对青春无悔》的第一稿剧本,影片是按重写的第二稿拍的。这倒不是因为内容上的是非问题,而是因为有另一个类似题材的剧本也提交审议会了。

我认为这两个剧本不仅毫无相似之处，主题也截然不同。我说，一拍出来就会明白，根本是完全不同的两部影片。我在审议会上陈述了意见，然而没有被采纳。

后来，剧本审议会的成员看了完成的两部影片后说，果然和你说过的一样，早知这样，按你的第一稿拍就好了。

久板荣二郎的第一稿非常出色，却葬送在这些人手里，现在想起还不胜遗憾。

《我对青春无悔》的第二稿硬是把故事改了，所以我并不把它看成一部完美无缺的作品。

这部影片的最后二十分钟是用来纠正瑕疵的。我决心用这二十分钟的时间扭转影片的败局。

在这两千英尺长、将近两百个画面的胶片中，我倾注了近乎顽固的热情，也利用这些画面发泄了我对剧本审议会的愤怒。

这部影片完成时，由于亢奋和疲劳，我没有多余的时间冷静地评价它，总觉得制作了一部奇怪的东西。

影片送呈美国检查官看的时候，他们边看边窃窃私语，我想，这部影片大概是失败了。当放映到最后二十分钟时，他们突然安静下来，开始向前探着身子注视银幕，而且屏声静气，一直看到出现"剧终"的字幕。

放映室灯光一亮，他们全部站起，一齐向我伸过手来。

他们一致赞扬，有的连声祝贺。不知为什么，我却有些惘然若失。

到了和他们道别的时候，我才觉得这部影片确实获得了成功。

这次到场看片的检查官姓卡奇。后来，他为祝贺这部影片的成功召开了一次招待会。

那时，正是东宝第二次罢工时期，这部影片的主演们参加了以十位明星为中心的"十人之旗会"，他们反对罢工，去了新东宝。卡奇先生招待了我们，也招待了已经和我们分道扬镳的本片的演员们。卡奇先生说，正是因为双方通力合作，才拍出了《我对青春无悔》，他希望双方再次携手。

结果，这些演员并没有回来，过了大约十年他们才回到东宝。不光是演员，和他们一起离开的技术人员也一样。东宝不仅把花了十年工夫搭建起的班底和培养起来的人才全部丢掉，还浪费了十年光阴。

《我对青春无悔》就是在这动荡不安的时期诞生的。

战后有了自由，这部在当时那种形势下拍摄的影片，使我有很多感慨。

影片的外景地在京都。春光明媚的小坡，野花盛开的小径，波光粼粼的小河，按现在的标准来看都是些不足为奇的背景，然而在当时，我却是怀着特别的感慨拍摄的。那是一种难以言喻的激动不已的心情，仿佛展开双翅翱翔在晴空中一般。

战争期间,连这样的背景都不能随便拍摄。那时的电影也不许正面描写青春。

按检查官的见解,恋爱是淫猥的行为,青春新鲜的感情与躁动,一概被视为英美式的柔弱精神的表现。那时的青春,正在名为"一切为了前线"的牢狱之中忍气吞声。

然而,战后的青春如何呢?为了使它苏醒,也必须经过一个痛苦的时期。

表明这种见解的,就是我的下一部影片。

情不自禁地鼓掌

十位主要演员去了新东宝,我们的根据地东宝制片厂连一个明星也没有了。

东宝与新东宝两个制片厂,自然而然地各自树立了导演中心主义和明星中心主义的旗帜,一决雌雄——简直是兄弟相争的战国时代。

新东宝发表了大肆吹嘘、罗列着明星名单的作品表,我们为了与之对抗,把坚决据守东宝制片厂的导演、编剧和制片人请到伊豆温泉旅馆开会,商讨东宝作品表。

那时的气氛,完全像大会战前夜的作战会议一般,非常热烈、紧张。

这次伊豆会议的结果,是决定拍摄由衣笠贞之助、山本嘉次郎、成濑巳喜男、丰田四郎四位导演执导的《四个恋爱故事》,五所平之助的《现在第一次》,山本萨夫、龟井文夫的《战争与和平》，我的《美好星期天》，以及谷口千吉的处女作《银岭之巅》。

决定由我执笔三个剧本：《四个恋爱故事》中的一篇、谷口千吉的《银岭之巅》和我的作品《美好星期天》。

为此，我先和植草圭之助商量了一下《美好星期天》的框架，具体结构交给植草。《银岭之巅》则由我和谷口千吉共同执笔。散会后我们留在伊豆温泉把剧本写成。

《四个恋爱故事》中的那一个剧本是在《银岭之巅》完成之后、同植草一起执笔《美好星期天》之前，花了几天时间写成的。

我按照规定写了三个剧本。如果不是情况紧迫，对新东宝有强烈的对抗意识，坚决反对他们的明星中心主义，这项工作是很难完成的。

首先，就谷口千吉导演的《银岭之巅》来说，当时只有一个简单的构思：要拍一部以男性为主、动作性强的作品。谷口是生长在山区的人，所以要以山为主题。

我和谷口隔着桌子相对而坐，面面相觑了三天，一个好点子也没有想出来。

后来，我想干脆先动笔，就简单地写了个报纸标题式的梗概：一个强抢银行的三人强盗团伙，逃往长野县山岳地带，搜查总部随之追到日本阿尔卑斯山麓。然后让三个强盗逃进白雪皑皑的日本阿尔卑斯山，警察继续跟踪追击。

再由谷口千吉适当地加上他的登山经验与知识。我们按照这样的安排，每天不停地写下去，居然写出了一个很有趣的故事，花了二十天就完成了《银岭之巅》的剧本。

随后，我马上就开始写《四个恋爱故事》中的一篇。这是个短篇，而且故事早已在头脑里形成，所以只花了四天就完成了。这样，我就和植草圭之助联席而坐，开始写《美好星期天》的剧本。

自我们二人从黑田小学毕业已有二十五年，"植草式部"与"黑泽少纳言"再次联席而坐时，两个人都已经三十七岁了。

我们在写作过程中渐渐留意到，尽管两人表面上变了，精神和意志却一如往昔。

我们朝夕相处，从对方年近四十的中年男人神态中，各自看到了自己少年时代的影子。二十五年星霜虽然像梦一般逝去，但现在我们又回到了互称小圭、小黑的时代。

像圭之助这样毫无变化的人是少见的。究竟是因为天真呢，还是由于固执？他既软弱又有股韧性，既是浪漫主义者又是现实主义者，净干些让人替他捏一把汗的事。总而言之，从小学时代起，他就是个让我提心吊胆的家伙。

在我们一起写《美好星期天》的大约十年之前，我正在露天拍《藤十郎之恋》外景，当我在吊车上指挥群众演员时，有一个家伙忽然挥起手来。

拍电影的原则，是演员无论如何都不准看摄像机。我想狠狠地训那家伙几句，就朝那人跑去。

这是个戴着不合尺寸的假发髻的家伙，他向我打招呼："喂，小黑！"喊了一声便对着我笑了。

我仔细一看，原来是植草。

我简直惊呆了，问他来干什么，他说到这儿当群众演员赚几个钱。他说得十分轻松。我很忙，如果此时跟他闲扯起来就分了心，所以立刻给了他五日元让他回去。

几年之后，植草自己"招供"，他接了我的五日元并没走，而是改扮成一名流浪汉，戴着一顶足能遮住脸的斗笠混过我的眼睛，照样领了一份群众演员费。

他这么一说我才明白，怪不得《藤十郎之恋》露天布景这部分戏里有个来回瞎窜的流浪汉把我气得够受，原来竟是他。

总而言之，圭之助这家伙，总让我提心吊胆又无可奈何。

不知道这家伙前世跟我结的什么缘，说不定哪天他就忽然从我眼前消失，哪天忽然又冒出来，而且在我眼前消失的这段时间里，净干些使人大吃一惊的事。听说他有时去当采石的工头，有时在哪个制片厂当群众演员，还和吉原妓院街的妓女私奔，而这期间又写了一部很好的话剧剧本……

这个神出鬼没的植草可能是过够了流浪生活，写《美好星期天》的时候非常沉静，每天写个不停。

这个剧本描写的是战后初期一对贫穷恋人相爱的故事，这对于总是被弱者和人生阴暗面所吸引的植草来说，堪称完美素材。所以，关于这个剧本，他和我几乎没有不同意见。

但关于最后的高潮，我们却意见相左。就是这对贫困潦倒的男女在空无一人的露天音乐厅听幻想中的《未完成交响乐》这个场面。

男人在空无一人的舞台上指挥，此时电影中当然不会有声音；女人则违反电影的原则，在银幕上对观看电影的观众讲话。她说："诸位，如果认为我们值得同情，就请鼓掌吧。如果大家给我们鼓掌，我们准能听到音乐。"

观众鼓掌。

于是，电影中的男人又开始指挥，《未完成交响乐》的乐曲响起。

我主张在这个场景中，让主人公直接对观众说话，用这新颖的手法，让观众参与到影片中来。

实际上，观众在观看电影时，或多或少都在参与其中。他们被影片打动，暂时忘却了自己，从情感上参与到了影片中。

但是，这些只发生在观众心里，付诸行动的也只限于情不自禁地鼓鼓掌而已。

于是，我是想用《美好星期天》的这场戏，激发观众情不自禁地鼓掌，把观众变成情节的参与者，观众由此成为电影中的人物。

对我的想法，植草提出了自己的设想：两个主人公听到本来没有人的音乐厅传来掌声，他俩一看，只见昏暗的观众席上到处坐着和两人处境相同的恋人们，鼓掌的就是他们。

我觉得植草的设想也的确恰如其分，挺有趣，但是我仍坚持我的意见，没有让步。这倒不是因为像植草所说的那样，他和我是本质上截然不同的人，其实没有那么深奥的理由。我只是想按自己的设想，在导演方法上冒一次险。

这种导演方法上的冒险在日本未获成功，日本观众硬是不给鼓掌，所以效果不佳，但是在巴黎成功了。法国观众狂热地鼓掌，在不绝的掌声中，当空无一人的音乐厅舞台上传来管弦乐队的演奏声时，观众十分激动。

拍《美好星期天》中的这场戏时，还有一个难忘的插曲。

指挥《未完成交响乐》的演员沼崎勋，是个极为少见的完全不懂音乐的人。

不懂音乐者也有各种类型，沼崎则连声音的高低曲折、缓急轻重等都一窍不通，这一点，连音乐导演服部正也束手无策了。

然而光束手无策终究无济于事，所以服部和我每天亲自给全身发僵、动作笨拙地练习指挥的沼崎做示范，教他如何用指挥棒指挥《未完成交响乐》。

我这个人本来就很笨，拨个电话号码的手势也像黑猩猩一般，可是在教沼崎的过程中，服部居然给我下了权威人士的定语。他说，黑泽老兄指挥《未完成交响乐》第一乐章已经完全胜任了。我下多大功夫教沼崎，也就无须多说了。

主演这部影片的沼崎勋和中北千枝子还都是名气不大的演员，不容易被路人认出，所以拍外景时，只要把摄影机藏好，就可以丝毫不惹人注目地顺利完成拍摄。

我们是这样偷拍外景的：把摄影机放在盒子里，外边用包袱布包好，镜头处留个窟窿，提着它走。

有一天，我们在新宿车站拍中北走下火车的镜头，为此，我们把包着摄影机的包袱放在车站上，等火车进站。可是一个老头偏偏站在摄影机前不走。

我觉得他太碍事，便捅了捅他的侧腰。这老头赶快伸手掏出钱包看了看。他错把我当成扒手了。

还有一天，我们用这个"包袱"拍摄从大街走来的沼崎和中北，可是却出现了一个专找美国兵的妓女，站在"包袱"前不停地挠臀部。

这可糟了，结果只拍了那妓女和她挠臀部的动作，尽管沼崎和中北走过来了，却始终没有被拍进镜头。

那天，沼崎穿一身皱皱巴巴的西装，外面穿一件大兵的外套；中北穿的是皱皱巴巴的风衣，围一条围巾。这两人的穿着打扮全是当时常见的，同样装束的男女极多，他们在人群里毫不显眼，无论导演还是摄影师，常常不知他俩在哪里，不得不东张西望，四处寻觅。

当初设想的这两个角色都是十分平凡、随处可见的人，现在看来，这个设想非常正确。现在我感到，与其说这两个人是影片主人公，倒不如说是战败后不久，在新宿车站上萍水相逢、可以与之亲切交谈的青年男女更合适。

《美好星期天》上映了。几天以后，我收到一张明信片。

明信片开头是这样写的：

> 影片《美好星期天》放完，影院灯亮了。观众都站起来，但是，有一个坐着不动在抽泣的老人……

我接着看下去，情不自禁地要喊出声来。

这抽泣的老人原来是立川老师！

就是那位非常疼爱我和植草、精心栽培过我们的立川精治老师！

立川老师在明信片上继续写道：

> 我从片头字幕上出现编剧植草圭之助、导演黑泽明开始，就热泪滚滚，银幕也模糊了。

我立刻和植草联系，决定请立川老师到东宝公司宿舍来吃饭。当时虽然粮食供应困难，但在东宝公司吃鸡素烧还是办得到的。

我们俩有二十五年没和立川老师一起吃饭了。遗憾的是，老师瘦小干枯，牙也不结实了，吃肉好像很费劲。我想关照一下给他弄些软的来，刚站起来他就连忙制止，他说："仅仅看到你们俩就是一次盛宴。"

植草和我恭谨地坐在老师面前。

老师仔细地看着我们，不住地嗯嗯着点头赞许。

我目不转睛地看着老师，眼泪渐渐遮住我的视线，老师的面孔变得模糊不清。

人非强者

下一部影片的剧本也是我和植草一起写的。

那时我们住进热海的旅馆，从窗子望出去，可以看到内海，那里有一条沉没的货船。

那是一条钢筋混凝土做的船。战争末期，日本钢铁不足，无奈之下，做了这种船。

孩子们站在伸出海面的钢筋混凝土的船头，跳进残暑未消、波光粼粼的海里，以此为乐。我觉得有钢筋混凝土沉船的内海，似乎是对战败日本的一个绝妙讽刺。

我们写剧本的过程中，在这天天能看到的内海忧郁景象中，酝酿着《泥醉天使》中臭水池的戏。

《泥醉天使》这部片子的设想是这样诞生的：山本先生拍描写战后日本社会的影片《新笨蛋时代》的时候，建了一处表现黑市街衢的庞大露天布景，那时山本先生跟我说，能不能利用它再拍一部片子。

山本先生的《新笨蛋时代》描写的是无赖们的世界，这些无赖们扎根于战后接二连三出现的黑市。我想更深入一步解剖无赖之所以存在的客观世界，想弄清他们是什么样的人，以及支撑他们组织的"仁义"、他们每个人的精神世界、他们引以为傲的暴力等究竟是什么。

我定下了影片的中心内容：以黑市做舞台，以割据地盘拉帮结伙的无赖为主人公，同时设想了与这些无赖相对照的人物。

开头，我决定让一位住在此地的、人道主义思想较强的年轻医生出场。但是，虽然我和植草百般努力，这个怀抱理想的人物，可以说是公式化的理性的人，就是成不了活生生的人。

掌握势力地盘的无赖是有原型的，植草和他有交往。因为那无赖的生活方式使植草大为倾心，后来植草甚至为此和我发生了冲突。总之，这个无赖形象是那么生动，简直呼之欲出。

其次，这条街的一角有个象征本街病灶般的臭水池，它又像个倒垃圾的垃圾场。这些在我脑海里逐渐成为影像，可是影片的另一主人公——私人医生，却总像个塑料做的服装模特一般，不能成为活生生的人。

我和植草撕烂、揉皱的稿纸几乎把我俩围满，一次又一次，总不满意，我们只好哭丧着脸，面面相觑，无计可施。

那时我觉得毫无办法了，甚至想放弃这个本子。但是转念一想，任何一个剧本都难免遇到一两次认为不行的时候，只好继续写下去。我从自己写作许多剧本的经验中知道，只要像达摩面壁一样，迟早会达到悟道的境界。现在，我以此自勉，耐心等待，每天注视着这个一直没有生命的人造模特般的医生形象。过了五天，植草和我几乎同时想起了一位医生的故事。

这位医生是我们动手写剧本之前，观察各地的各种黑市的时候，在横滨的贫民街碰到的一位终日醉醺醺的人。

这人是专给妓女治病但没有行医执照的医生，他那粗犷、豪放、旁若无人的作风很讨人喜欢，我们请他喝酒，一连去了四个地方，边喝边听他谈。

这位无照医生似乎专治妇科，他的话有时粗野到不堪入耳，但常常脱口而出的对人生的冷嘲热讽却一针见血，堪称珠玑。他常常张着大嘴笑，在他的纵声狂笑中，有股腥风血雨般的苦涩味道。

这人大概属于冷眼看人生、命途多舛的末路英雄。植草和我一想起他来，同时闪出了同一个念头。

就是他！

这样一想，竟为一直没有想到他觉得奇怪了。

当初设想的那个人造模特般的人道主义医生形象立刻烟

消云散。

我们的错误在于为了批判无赖，竟然把与无赖对立的医生设计得太理想化了。

这样，《泥醉天使》就出现了。

这个突然出现的活生生的人物，是个年逾半百的酒鬼医生，他不求闻达，植根于人民大众之中，虽无行医执照，医术却很高明。虽然性格古怪，但为人耿直爽快，在当地很有人缘。他不修边幅，总是胡子拉碴，头发凌乱。这位嗜酒如命的医生说话时旁若无人，心直口快，表里一致，心地善良。

把这种性格的医生放在紧临黑市、像个垃圾堆一般的臭水池对岸的诊所里，与操纵黑市的无赖将形成很好的对比。要展开这两个人的戏，只待两个人物接触了。

植草和我把这两个人的接触作为开场戏。

无赖因为和另一个无赖争地盘负了伤，找这个医生帮他取出子弹。

就在这个过程中，医生发现这无赖已患肺结核，肺部有了空洞。结核菌使这两人发生了联系。此后，两人对待结核菌的态度截然不同，故事就以此为中心展开了。

剧本一动笔就一气呵成。在写作期间，和植草的合作并不一直顺利。

我不太清楚植草是不是在和无赖的原型的交往中对其

特别倾心，还是他天性就偏向弱者、受伤的人和生活在社会黑暗角落的人。他常常对我否定无赖的态度表示不满。

至于他所持的理由，一言以蔽之，就是无赖缺乏人情味或者存在人性的扭曲，并不完全是他们的责任。

道理也许如此。

但是，即使出现这种人的一半责任或大半责任该由社会来负，我也不认为他们的行为是对的。原因在于在这种恶的社会里，也有诚实且善良的人。

我不能原谅以威胁别人、破坏别人的生活为业的人。而且，我也不认为否定这些人就是出于强者的利己主义。

认为产生犯罪者是由于社会有缺陷的观点，就算有一半道理，但据此为犯罪者辩护，也不过是一种诡辩而已，因为它无视生活在有缺陷的社会中但并未走向犯罪的人。

植草动不动就拿他自己和我比较，说我们俩本质上是完全不同的人。然而在我看来，植草和我并没有本质上的区别，只有表面的不同。

植草说我是天生的强者，说我是和悔恨、绝望、屈辱等无缘的人，说他自己是天生的弱者，一直生活在泪河里，在痛心、呻吟、痛苦之中生活。然而，这样的观察是肤浅的。

我为了抵抗人的苦恼，戴上一副强者的面具；而植草却为了沉溺于人的苦恼，戴上了一副弱者的面具。事实不过如此。但这只是表面的不同，就本质来说，我们都是弱者。

我之所以在这里把植草和我个人观点对立的问题写出来，并不是为了驳倒植草，也不是为我自己辩护，只是希望借此机会，让大家更好地理解我的本来面貌。

我不是特别的人。

我既不是特别强的人，也不是得天独厚的有特殊才能的人。我不过是个不愿示弱于人，不愿输给别人，因而不懈努力的人。

仅此而已。

这部《泥醉天使》完成之后，植草和我分了手，又不知去向了。原因呢，并不是如植草所说，即因他和我本质上性格不同而产生的裂痕。

植草这样说，是故意含糊其词。实际上他又被与生俱来的放浪性情附身了吧。

证据之一，是为了拍《文艺春秋》杂志"旧友联欢"专栏的插图，他同我并肩留影，而且表情十分高兴。

其次，我写这本"类似自传的东西"时，植草为了供我参考同我闲谈。那时他十分高兴，我们足足谈了一个晚上。以后他来访时也谈得特别起劲，甚至忘了时间，不得不住在我家。

总之，植草和我是非常亲密的竹马之交，也是常常吵架的朋友。

人非弱者

谈起《泥醉天使》这部影片，就不能不说一说三船敏郎这位演员。

一九四六年六月，东宝为了准备战后重新崛起而招考演员。他们大量刊登广告招募新人，吸引了很多人。

面试和选拔演员的这一天，我正在摄影棚里拍《我对青春无悔》，因而未能出席。午休时间，我走出摄影棚，高峰秀子把我叫住，说："有个家伙很不错。不过举止有些粗野，马上就要决定最终是否录用了，你去看看吧。"

我匆匆忙忙吃完午饭就去了考场，门大敞着，我不由得一愣。

一个年轻的汉子正在里面大闹特闹。

他像刚被捕获的猛兽，暴跳如雷。我不由得站在门口，看得呆了。

这汉子并不是真的大发脾气，是主考官在考他的演技，让他表演一个人的愤怒。

表演完毕，这汉子就旁若无人地往椅子上一坐，环视考官们，从那傲慢的态度上来看，仿佛在说：随你们的便吧。

我一眼就看出，这态度纯粹是为了遮羞而采取的一种手段。大多数考官似乎都认为他这种态度是桀骜不驯。

我感到这汉子有股奇怪的魅力，因而关心起考试的结果来，便提前结束了拍摄工作，到考试委员会的房间去看个究竟。

这年轻人尽管被山本先生大力推荐，但根据投票的结果，决定不予录用。

我不由得喊了一声："等一等！"

考试委员会由导演、摄影师、制片人、演员等电影制作各环节的专家和工会代表组成，这两方面的人数相等。

当时，工会的力量很强，什么事都必须有工会代表参加，一切决定必须经过投票，连选拔演员也一样，就未免过火。

但是，过火也要有个限度。所以我脱口喊了一声："等一等！"

我说，洞察演员的素质如何，判断他有无发展前途，需要专家的才能和经验。既然是选拔演员，那么，如果把与演员的表演生涯关系密切的专家的一票同门外汉的一票视为效果等同，就无异于鉴定宝石的时候，让宝石商和蔬菜店老板共同主持其事。评估演员时应该考虑到,精于此道的专家的一票至少相当于外行人的三票或五票。因此,我坚决要按我的上述要求重新统计票数。

我这样一说,考试委员会立刻一片骚乱。

有的人大喊大叫,说这是反民主主义、导演专制主义。但是与制作电影有关的委员全都举手赞成,有的工会代表也点头同意。结果,考试委员会主席山本先生站在导演的立场上,就这个已成话题的年轻人的素质和发展前途,做了十分肯定的发言。因此,这个险遭淘汰的年轻人被录取了。

这人便是三船敏郎。

三船后来在谷口千吉导演的《银岭之巅》中,扮演抢银行的强盗团伙中最凶恶的家伙,展现出了惊人的魄力。

他随后又在山本先生导演的《新笨蛋时代》中扮演一个流氓头子,和《银岭之巅》中的演技截然相反,他扮演的主人公于潇洒利落之中透露出凶狠,栩栩如生。

我看中了三船的演技,将他在《泥醉天使》中升作主角。

因此,说三船这位演员是我发现和培养的是不对的。

发现三船这块材料的是山本先生。

把三船这块材料雕琢成三船这位演员的是谷口和山本先生。

我不过是看到这一点,在《泥醉天使》中让三船充分发挥了演员的才能而已。

三船是旧日日本电影界中独一无二的有才之士，入戏之快更是超群。

用通俗易懂的例子打比方，普通演员在表现上需要十成力，三船用三成力就能表现出来。

他的动作准确利落，如果普通演员需要三个动作才能够表现出来，那么，三船一个动作就能完成。

无论什么，他都表演得干干净净、利利索索，那速度感是在过去的演员身上从未见过的。而且，他的细腻与敏感也十分令人惊异。

我这些话虽然全是赞扬，但不要以为这是为了捧他，因为事实本来就是这样，我只能实话实说。如果勉强挑他的缺点，那就是发音有些问题，用麦克风录音，有些地方听不太清楚。

总而言之，我是很少佩服某一演员的，唯独对三船佩服之至。

然而，这也令导演产生了难处。扮演无赖的三船魅力十足，就难以和作为他的对立面的医生（志村乔扮演）取得平衡。

这样必然会使这部作品在结构上走样。

如果想取得平衡，就得把三船难得的魅力故意压下去，那又未免可惜。三船的魅力是与生俱来的坚强个性的具体表现。所以，除非不让他演，否则丝毫没有减低他在电影中的表现魅力的方法。我为三船的魅力既高兴又困惑。

《泥醉天使》这部作品，就在这种左右为难中诞生了，结构确实有些走样，有些地方也表现得主题模糊。但是，由于和三船出色的个性展开了一番格斗，我也感觉自己干的似乎是冲破一堵坚牢的墙壁一跃而出的工作。

《泥醉天使》中扮演医生的志村可打九十分，然而他的对手三船却可打一百二十分，这倒令人有些过意不去。

业已去世的山本礼三郎的演技也是无懈可击的。山本那样凌厉的眼神我是头一次看到。开始的一段时期，我连同他面对面谈话都发怵。但是一搭话，却发现他原来是个非常亲切的人。

我是从这部影片才开始和早坂文雄共事的。之后，直到早坂去世，他一直为我的影片作曲，成了我最好的朋友。关于早坂，后面我想更详细地写一写。

另外，在拍摄这部作品时，我的父亲去世了。

我接到了"父病重"的电报，但当时影片上映日期迫在眉睫，我实在不能停拍影片前往秋田。

接到父亲去世电报的那天，我一个人去了新宿。我喝了酒，但是越喝心情越沮丧。

我怀着难以排遣的哀伤，在新宿的人流中漫无目的地走着。这时，某处的扩音器里传来《杜鹃圆舞曲》。

那欢快的音乐，使我忧郁的情绪更加黯淡，越发难以忍受。我似乎是想逃开这音乐似的加快了脚步。

《泥醉天使》中,有三船扮演的无赖满腹愁云地在黑市漫步的场景。

商量给这部影片配音的时候,我跟早坂说,在三船漫步黑市的场面里加上《杜鹃圆舞曲》。

早坂听了,吃惊似的看着我,但是立刻微笑着说:"对位法?"

我回答说:"嗯,是狙击手。"

"狙击手"一词是我们两人之间的暗语,因为我们看到苏联影片《狙击手》中,出色地使用了影像与音乐的对位法,便把这样的电影配乐方法略称为"狙击手"。

而且我和早坂已经商定,要在《泥醉天使》中的某场戏里试用一下,看看效果如何。

配音的那天我们做了实验。

踯躅于黑市街头的无赖凄惶惨淡的形象,伴以扩音器传出的《杜鹃圆舞曲》。那欢快的音乐给无赖的满腹愁云做了令人吃惊的强烈反衬。

早坂看了看我,得意地笑了。

三船扮演的无赖进了酒馆,他一拉开酒馆的拉门,《杜鹃圆舞曲》的乐曲便戛然而止。

早坂吃惊似的望着我说:"你是按曲子的长度剪辑的?"

"不,不是。"我这样回答,但是连自己也不胜惊异。

我计算了这个场景同这支曲子的对位法效果，却没有计算这个场景和曲子的长度。结果长度完全吻合，这究竟是怎么回事？

大概是我接到父亲去世的消息之后，踯躅于新宿街头的时候，就像三船扮演的无赖一样，满腹愁云，茫然不知所之，听着那《杜鹃圆舞曲》，头脑中下意识地计算了曲子的长度。

此后，类似的事还有几起。任何时候都是本能地同工作联系起来，这种习性近乎前世因缘。

导演这一行当干到这种程度，可以说完全是前世因果了。

失落的哀愁

《泥醉天使》于一九四八年四月公映,那时,第三次东宝罢工开始了。

我完成《泥醉天使》后立即去了秋田。刚给父亲做完法事,就为罢工的事被催了回来,卷入了罢工的旋涡。

现在看来,我觉得和小孩子吵架差不多——两个孩子为争一个玩偶吵了起来,结果把玩偶的头和手脚拧了下去。

这两个吵架的孩子就是公司和工会,玩偶就是制片厂。

这次罢工是从公司开除职员的攻势开始的。这场进攻的目的是把制片厂工会中的左翼力量赶出去。十分明显,这件事从上一年十二月开始就做了精心安排,公司更换了首脑人物,把破坏罢工的专家安插在主管劳务的岗位上,解雇对象集中在左翼工会会员。

事实上,制片厂工会左翼力量强大,有一时期曾经大喊大叫要参加生产管理，有许多过火的行动。但是，公司发动进攻的时候，工会已经接受了以导演为首的电影制作部门的批评，停止了过火的行动，电影制作也已经开始进入正常轨道。公司的攻势就是在这种情况下强行发动的。这对刚从第二次东宝罢工之后的荒凉境况中重建立足之地的我们来说，实在是又一次莫大的打击。我觉得公司这种做法绝不是明智的。

有一桩愚蠢的事，直到今天我还难以忘怀。那是在我们这些导演向新任社长陈述意见时发生的。

新任社长听了我们的意见颇为动容。恰巧在这个时候，工会会员的示威游行队伍拥到会议室的大玻璃窗外，而且高举红旗！

万事休矣！这简直是挥舞一块红布给斗牛场上的牛看。

这位社长一看见红旗，再怎么说都没用了。

长达一百九十五天的大罢工开始了。

在这样开始的大罢工中，我得到的只有痛苦的经验。

罢工期间，东宝制片厂工会再次分裂，退出工会的人加入上次罢工分裂出去的人组织的新东宝。势力大增的新东宝企图夺回东宝制片厂，因此，东宝制片厂成了美日决战的瓜达尔卡纳尔岛[①]。

---

① 位于南太平洋的所罗门群岛东南部的火山岛，太平洋战争中的美日激战之地。

新东宝的队伍每天蜂拥而来，守卫东宝制片厂的员工为了保住制片厂，加强防卫，整个制片厂成了一座要塞。

现在回想起来，觉得这纯粹是儿戏，而且相当滑稽。但在当时这是十分严肃的事情。

凡是能从外面进来的地方都架上了铁蒺藜，安装好拍片用的照明灯，以防夜间偷袭。

更厉害的是前门和后门的警卫把拍片用的鼓风机搬来安装好，像大炮一样对着前后门，还准备了大量辣椒粉，一旦对方来袭，就用鼓风机猛吹辣椒粉，使对方的人睁不开眼睛。

这不仅是为了对付新东宝，也是考虑到幕后操纵他们的公司可能利用警察力量强行进入而准备的。

现在说起来近于笑话，但是那时，罢工的胜败和员工的生计休戚相关。

我们这些在这里成长起来的人对制片厂有股执着的爱，和摄影棚以及一切摄影器材有斩不断的情感，所以愿豁出命来保护它们。

恐怕新东宝的人也被和我们同样的感情所驱遣，才企图夺回东宝制片厂，因此，双方形成了严重的敌对状态。

虽然他们走了，但我们对他们仍有反感，特别是在他们走后，我们艰苦重建制片厂的一年半中，这种反感就更加强烈。当新的分裂分子和他们合流的时候，我们之间就形成更加强烈的对立,以致无可挽回了。

况且,新东宝所有行动的背后,都有敌对公司的领导和有计划地支持他们制造分裂的首谋者在操纵,所以,这种对立已经造成双方难以弥补的裂痕。

这次罢工使我最感痛苦的,是我被夹在东宝制片厂的员工与新东宝的员工之间,一方要求进厂,一方决不允许,我经常处在争吵不休的最前端。

当时,想要冲进来的新东宝员工之中,就有我从前的摄制组成员,他们说,为了把我从遭到限制的局面中解救出去,拼了命也要把我这个伙伴拉走。

这些人全都哭了。

看到这番情景,我对公司的领导愤恨至极。我认为他们根本不想改正第二次罢工时所犯的错误,而且错上加错。他们正在对我们精心培养起来的才能共同体进行无情的肢解。

我们目睹此状,不能不痛哭流涕,他们却觉得无关痛痒。

他们不知道,电影是用人的才能创造出来的,是靠这个才能共同体创造的。

他们也不知道,为了创造出这样的共同体,我们曾经付出多么大的代价。

正因为他们无知,才恣意破坏这个共同体,丝毫也不觉得可惜。

我们仿佛是在赛河原上捡石子堆石塔的死亡儿童的魂灵，用九牛二虎之力堆起来的石塔，却被那些令人诅咒的群鬼推倒。①

这也难怪，当时的社长和主管工务的董事既不懂电影，对它也没有感情。这位主管工务的董事为了打垮这次罢工，什么卑鄙手段都满不在乎地用过了。

有一次，他让报纸登出一条消息，说工会强迫我在作品中插入了一段台词。

这纯粹是捏造。如果有这种事，对一名电影剧本作家来说是极不光彩的，所以我要他做出解释。可他居然说，既然本人这么说的，大概不至于错吧，随后就道了歉。

尽管道了歉，但白纸黑字的报道，谁都看到了，即使事后声明更正，也不过是两三行小字而已。

他是什么都算计妥当之后才道歉的。其态度之卑鄙，使关川秀雄导演大为震怒，导演敲着茶几质问他时，竟然把茶几上的玻璃都敲碎了。

结果，第二天报纸上就登了一条消息，说是在谈判时，公司的一位董事被一名导演殴打。我们提出质问，他又是脸

---

① 佛经记载，儿童夭折后魂灵都要去赛河原受苦。赛河原为冥途三途川的河滩，儿童的魂灵为报答父母之恩，用河滩上的石子堆石塔。但是鬼一定前来破坏，破坏之后孩子再堆，鬼又来破坏，如此反复多次，徒劳无功。最后，地藏菩萨前来解救。

也不红地道歉了事。

我们对这位干坏事的天才董事和一见红色东西就失去控制力的社长组成的搭档实在无话可说，所以发表了一个声明：今后决不和这两个人共事。

对我们这一声明的回答，是"只差军舰没有开来"式的镇压。

前门是警察的装甲车，后门有美军的坦克，空中有侦察机，包围制片厂的是散兵线。在这种强势进攻之下，我们在前后门准备的鼓风机和辣椒粉毫无作用，除了把制片厂交出去，别无他法。

我们被赶出了制片厂，几个小时之后，经过允许，我进了制片厂，看见院子里竖着一个"强制执行"的告示牌。

看起来制片厂毫无变化，只是多了这么一个告示牌，可是就从此时此刻起，这个制片厂失掉了一样东西：我们对它的献身精神。

十月十九日，第三次东宝罢工结束。

从春天开始的罢工，到了深秋才告结束，此时，制片厂里已是秋风萧瑟。

我心里也十分失落。

这种失落，既不是哀伤，也不是凄凉，只是一种耸耸肩，说声"随它去吧"的情绪而已。

我按当时的那则声明行事，决不再和那两个人共事。

直到这时我才恍然大悟，以往我把制片厂当作我的家，现在这里是别人的家了。

我怀着今后永不再登此门的心情走出制片厂。

在赛河原上捡石子堆石塔的事，我干够了！

心无边，命运无边

这一年，罢工开始之前，我们成立了同仁组织"电影艺术协会"。

这五个人是山本嘉次郎、成濑巳喜男、谷口千吉和我，一共四位导演，再加上制片人本木庄二郎。

这个同仁组织刚成立，罢工就开始了，所以罢工期间什么活动也没有。罢工结束之后，我从东宝出来，就以这个组织为立足之地开始拍片。

第一部影片是给大映公司拍的《静夜之决斗》。

一百九十五天的罢工使我家的生计成了问题，形势迫使我要尽早拍片。

我当副导演时就常常给大映公司写剧本，有此渊源，所以决定先在这里拍一部。

剧本是我和谷口千吉共同执笔的。主演是三船敏郎。

三船初登银幕以来，演的角色几乎全是无赖。我想，到了这个阶段，应该使他的艺术领域扩大一些，所以决定让他扮演一个与以前的角色截然不同的、伦理感很强的知识分子形象。

这样决定角色，连大映公司也大吃一惊，很多人都为此担心。然而三船出色地完成了任务。

他在本片中的举止风度和过去完全不同，从精神状态到形体动作都充分表现出一位悲剧性主人公的苦恼。说实话，在这一点上，连我也大为惊讶。

电影界有一种倾向，演员扮演某种角色成功了，就牢牢地把他限定在这种角色的框架之内。

从导演一方来说，这是出于方便，为了省力，但是对演员来说，再没有比这更不幸的了。

演员翻来覆去盖图章似的只演一种角色，是什么也积累不下来的。

如果不经常让演员扮演新的角色，给他新的任务，他就会像刚栽活就停止浇水的花木一样，不久就会枯死。

拍《静夜之决斗》时，最令人难忘的是拍高潮戏份时发生的事。

这场戏是说，主人公把过去的秘密藏在心灵深处，苦恼万分，他难耐这种痛苦，决心把秘密和盘托出。这场戏中用了长达五分钟的长镜头，这在当时是没有先例的。

正式拍摄的前一天晚上，三船与和他演对手戏的千石规子都兴奋得没有睡好。

我也有决战前夕之感，难以入睡。

第二天，眼看就要正式拍摄了，摄影棚里空气特别紧张。我叉开两腿站在两台照明灯中间看着。

三船和千石的戏的确如最后决战般紧张。两人的表演一秒一秒地趋向白热化，火花四溅，我不由得替他们捏了一把汗。过了一会儿，三船泪流满面的时候，我左右两侧的照明灯却咔嗒咔嗒地响了起来。

原来，我的身体在颤抖，颤抖经由脚下的木板使照明灯也颤动了。

我立刻想到，糟了，坐在椅子上看就好了。可是为时已晚。

我用双臂紧紧搂住身体，尽可能不让它颤抖，朝摄影机那边看去时，却不由得愣住了。

摄影师正看着取景器操纵摄影机，可是他却泪如雨下。大概因为眼泪常常遮住他的视线，所以他不断地用左手擦眼睛。

我真有些着慌了。

连摄影师都止不住热泪滚滚，足见三船和千石的表演多么成功。但是，如果摄影师看不见景物，导致取景框偏移，那就全完了。这时，我既要看演员的表演，又要看摄影师，当然更多的是在看摄影师。

我根本没有想到，一个画面竟会拍得如此之长。

当哭得泪人一般的摄影师说了一声 OK 的时候，我的心才算放了下来。

此时，摄影棚里的紧张气氛仍然未消，我像喝醉了酒一般，居然忘记喊 OK 了。

这说明我还年轻。

现在，不论多么动人的场面，演员演得多么逼真，我都能冷静地看下去。不过，太冷静了又似乎过于冷酷。

我、三船、千石，那时都还年轻，所以那么兴奋，才拍得出那样的场面。现在，如果让我再拍一次那样的场面，恐怕就办不到了。

从这种意义上说，《静夜之决斗》使我难以忘怀。它也是我离开东宝后的第一部作品，我总觉得它是我的第二部处女作，这也是我难以忘怀的原因。

大映公司的摄制组同仁热情地接纳了罢工失败、落荒而走的我。

大映的东京制片厂位于甲州古道附近的调布，多摩川从旁边静静流过，坐落在河岸上的旅馆、饭店，无不古香古色，质朴无华。那制片厂也残存着往昔的老制片厂的风貌，固然有些笨拙，却很大方。

还有，尽管当时不同的制片厂各具风采，但有一点是相同的,那就是聚集在这里的人无不爱电影爱得入迷。所以,虽然我初来乍到,但和摄制组的同仁之间却毫无生疏感,工作极其顺利,可谓得心应手。

只是看到大映的摄制组同仁,我却不能不想起因罢工被开除的东宝摄制组同仁,以及他们的命运。

鲑鱼的牢骚

我像鲑鱼一样,不忘生我养我的地方。①

我三十九岁时离开东宝,三年内遍历了大映、新东宝、松竹三家公司,四十二岁时又回到东宝,后来,又曾多次反复离开与重返东宝。

无论我到哪里,自己成长的地方都常存心底,偶有触发,就会想起东宝这条河流。特别难忘那些因罢工而被开除的副导演。

他们无一不是才华出众的。正因为他们勇敢地参加了那场斗争,才被列上开除名单,以致星散。

就这样,日本电影界失去了几名优秀导演。

---

① 鲑鱼的特性是秋季自海入河,逆水而上,在上游河流底部的沙砾上产卵,产卵后死亡。鱼卵在河中孵化长成幼鱼后,游入大海生活。它们从哪条河入海,产卵时仍回那条河,从不去其他地方。

后来我回到东宝，工作伊始，东宝的一位董事就向我诉苦说，而今的副导演没有从前的副导演那种豪迈气魄。我说，是你们把有豪迈气魄的人赶走的。那董事却问我："他们能不能改悔？"

我不由得大声说："简直是开玩笑，需要改悔的是你们！"

从那时起，日本电影就渐渐出现了崩溃的迹象。

不论什么企业，只要不注意培养新的人才，不将新鲜血液注入躯体，就会不可避免地老化并走向衰退。这是非常明显的道理。

在日本，再没有像电影界这样领导始终不变、长踞要津的企业了。

究竟是因为没有培养新人，因而旧人占据要津呢，还是正因如此才不培养新人？不管出于前者还是后者，对培养人才的责任视而不见都是行不通的。

电影公司不仅怠于培养新人，连制作电影所需的器材，以及新的科学技术手段等，也没有考虑引进。

尽管人们常说，目前电影日薄西山的景况是世界现象，那么，美国电影正在恢复昔日的繁荣，这又是什么原因呢？

原因是美国电影界有一个"美国电影艺术科学学院"这样的组织，它是在"电影是与科学密切结合的艺术"这一牢固的认识基础之上建立起来的。

为了和电视这一新兴势力做斗争，电影必须有不逊于电视的科学装备才行。

面对电视器材既科学又新颖的局面，如果电影不改变设备陈旧的现实，就无法保持电影的特性。因为电影和电视只是看上去相似，本质上却完全不同。

把电视当作电影的大敌，只是脆弱的电影观的产物罢了。

电影只要按照电影艺术科学的道路前进就可以了。

把电影日薄西山归咎于电视，根本文不对题。

电影是半路睡着了的兔子，不过是被电视这只乌龟赶超过去而已。

现在有些电影开始模仿电视，搞什么电视电影。而愿意花很高的票价跑到电影院去看什么电视电影的人毕竟不多。

话说得离了题，无非是电影创作者这条鲑鱼，看到养育他的河流被污染了，水也干枯了，没法在这样的地方产卵——拍电影，所以才发了这样的牢骚。

我这条鲑鱼没有办法，所以才远适异域，溯苏联的河流而上产了卵，这就是《德尔苏·乌扎拉》。

这大概不是坏事吧。

按理说，日本的鲑鱼应该在日本的河里产卵。

这一部分就是电影鲑鱼的牢骚。

生命总有余味

我不愿意对自己的作品再说什么。想要说的，作品里已经说过了，若再多言就是画蛇添足。

但也常有这样的情况，自己以为在作品里说过的事情，并没有得到大多数观众的理解，所以关于这部作品，自然会产生再略加说明的想法。尽管如此，我还是常常耐着性子保持沉默。为什么呢？因为我相信，如果我在作品里谈的问题是正确的，那就一定会有人理解。《静夜之决斗》就是如此。

我在那部作品里强调的问题，似乎很多人没有理解，但也有为数不多的人很好地理解了。

为了使更多的人理解《静夜之决斗》要表达的东西，我才拍了《野良犬》。

《静夜之决斗》不被大多数人理解，是因为我自己没有事先充分咀嚼作品提出的问题；其次，说明问题的方法也不对头。

莫泊桑说："先要看到谁也没有注意的地方，一直看着它，直到谁都能看得见。"

我决定用《野良犬》再一次表现《静夜之决斗》中的问题，我想，这次无论如何也得让任何人都能看见，所以自己要先把提出的问题看个仔细。为此，我用小说的形式把电影剧本写了出来。

我喜欢乔治·西默农，所以按西默农的手法把它写成了社会犯罪小说。

写这个小说花了四十天。我想，把它改成电影剧本顶多花十天工夫就够了。事实上大大出乎意料，动手改成剧本的过程可谓大费周折，结果花了五十多天。

仔细一想，这也是理所当然的。因为小说和剧本本质上是不同的东西。小说可以自由地描写心理，至于电影剧本，如果不用画外音刻画内心，那就非常困难。

这种先用小说形式写出来再改写成电影剧本的方法，固然费了意想不到的周折，但是也另有收获，它使我重新认识了电影剧本与电影的不同，同时也使我理解，电影从小说独特的表现形式中撷取的东西实在很多。比如说，为了加强读者的印象，可以在结构上用独特的方式对这部小说加以修饰，而电影的剪辑工作同样也需要修饰。

这个电影剧本描写的，是主人公（一位年轻的刑警）在警视厅打靶场打完靶乘公共汽车回家，此时正值酷暑，车里像蒸笼一般闷热，结果，他的手枪被偷了。故事就从这里开始。我把胶片忠实地按时间先后剪辑在一起，一看，根本不行，拖拖拉拉，焦点模糊，毫无引人入戏的力量。

没办法，我只好重读小说。

这部分是这样开始的：那是那年夏天最热的一天。

就是这个！我用了狗吐着舌头热得呵呵喘气的画面。画面出现的同时加上旁白："那天热得简直吓人。"

随后是警视厅搜查一科的标志牌，再转入室内。

"什么？手枪被盗？！"搜查一科科长大吃一惊地仰起脸来。

站在他面前的正是那位主人公——年轻的刑警。

我重新剪辑后的胶片很短，却具有立刻把观众引向故事核心的力量。

但是万万没有料到，影片头一个画面——那个狗吐着舌头热得喘气的画面，给我招来了意外的灾难。

这个狗的特写镜头做了背景字幕，但美国动物保护协会的一位妇女看了这部影片后，横生枝节，提出严重抗议，甚至提出控告，说我们为了拍摄狂犬，给正常的狗注射了狂犬病毒。

就算是借口寻衅，也未免欺人太甚了。

这条狗本来是警方抓来的野狗,按照法规要被打死。我们提出申请,说是拍电影要用它,这样就作为小道具养了起来。

狗是杂种的,看起来挺温顺,我们为了让它看起来凶猛些,给它化了装,用自行车牵着它跑,等它累得吐舌头的时候拍下来。

不论我们怎么列举事实,美国动物保护协会的那位妇女就是不答理。她说,日本人野蛮,什么事都干得出来,对我说的话一概不信。

山本先生甚至为此作证,并为我辩护。他说,黑泽喜欢狗,绝不会干那种事。但那位美国妇女就是不信,声称要正式提出控告。

到了这个地步,我忍无可忍了。我大声说:"虐待动物的是你们。人也是动物,照你这样,我看就得成立个爱护人的协会了。"还要说下去时,人们纷纷上来劝阻。

结果,这一事件以我硬着头皮写了陈述书而告结束。我从来没有像此时此刻这样,感到战败国的人是如此屈辱。

除了这件事,影片的拍摄工作整体上是非常愉快的。因为这是电影艺术协会和新东宝合作的作品,我又和罢工时分裂出去的摄制组同仁聚在一起工作了。

摄制组里,由同时进 P·C·L 的同仁矢野口文雄担任录音师,石井长七郎担任照明师,摄影师是和我一起工作时间最久的中井朝一，早坂文雄担任作曲，副导演是P·C·L时代的好友本多猪四郎，担任美工的是松山崇和他的助手村木与四郎。村木后来成了我工作中不可缺少的美术指导。

这部影片由大泉制片厂制作，因为罢工的余烬未熄，我如果去新东宝制片厂拍戏，可能不大合适，所以决定在大泉厂摄制。

当时，大泉厂内几乎全是空房子，院里有一栋公寓式的小楼，我们就集体住在那里，大家相处得很好，工作十分顺利。

这次拍片是在盛夏季节，下午五点工作结束时太阳还很高很毒。吃罢晚饭，外边依然阳光朗朗。战争刚结束，上大街去逛（因为厂址在大泉，所以也只能去池袋）也没有什么意思，在集体宿舍里也无事可做，大家闲得无聊，就有人提出再工作一阵儿，像这样晚饭后重进摄影棚的时候很多。

这部作品中有许多在不同地方拍的短镜头，所以小规模的布景随搭随拆。最快的时候一天要换五六个景。

布景搭好立刻就拍，所以美工部的人只好趁我们打盹儿的时候进行布景，做好装饰。

美术指导松山还担任其他三部影片的工作，因此，他只是画画图，几乎不到这里来。最辛苦的是他的助手村木和另一名女助手。

一天傍晚，我前往露天布景现场看搭建情况。

晚霞辉映之下，木材堆上有两个剪影似的人。我看得出，那是村木和另一名女助手，他们似乎累得筋疲力尽，呆呆地坐在那里。

我刚想说声感谢的话，可立刻发现两人关系非同寻常，便转身回来了。

和我一同来看露天布景的摄影师和照明师莫名其妙地看着我，想问我些什么。我摆手制止，望着木材堆上的两个剪影小声说："他俩快结婚了。"

果然被我猜中，这部影片拍完之后两人就结婚了。

村木夫人村木忍女士现在已经是出色的美术指导。

我没有当过媒人，可是因为抢拍《野良犬》使他俩忙得不可开交，从而给他们创造了结合的条件，从这一点来说，我也许算一位不露面的媒人。

从这件小事可以看出我们拍这部影片时的气氛，过去很少这么和谐，整个工作过程自始至终就像一次远足。

本多主要干辅助工作，我每天向他提出工作要求，然后他就带人去拍战争刚结束的东京的实景。

再没有像本多这样工作认真、性格直率的人了。他忠实地按照我的要求拍摄素材，他拍的东西几乎全用到了这部作品里。

人们常说，这部作品很好地描绘了战后风貌。这都是本多的功劳。

这部影片的主角是三船和志村乔大叔，配角也都是熟识的朋友，所以我总觉得我们是在一家人的气氛中工作。

唯有新人淡路惠子，本是松竹公司的舞蹈演员，是我硬把她拉来演戏的。她非常任性，常常使我为难。她只有十六岁，而且是初上银幕，非常想回松竹的舞台跳舞，所以动不动就耍小孩子脾气，说哭就哭，哭着哭着又哈哈大笑。

尽管这样，大家都非常喜欢她。天长日久，她对这工作也感兴趣了，但这时她的戏已经拍完了。

她的戏结束之后，我们大家集合在大门口目送她回家。

这时，淡路在汽车里哭了。她说："非哭不可的时候我哭不出来，这时候我可要哭啦！"

再没有比拍《野良犬》更顺利的工作了。连老天爷都帮了大忙。

那是在露天布景拍骤雨镜头的时候。

我们请消防车来帮忙，做好人工降雨的准备，一旦正式开拍就开始造雨。当一切准备就绪，我喊了一声"开拍"时，一场骤雨突然来了，而且大下特下，结果拍了一场效果极好的暴雨。

还有一次，我们在摄影棚布景里拍骤雨镜头，这时，摄影棚外果然来了骤雨，把摄影棚外真实的雷声也一起录了下来。

《野良犬》中有些露天布景的戏还没有拍完，台风就快到了，所以本该在露天场景拍的戏只好抢拍。

那时，我们是听着无线广播的台风预报，在台风一刻一刻逼近的情况下工作的，整个拍摄现场跟战场一般，人人忙得不可开交。直到预报当天夜里进入台风圈的那天傍晚，才勉勉强强把戏拍完。

当夜，果如预报，东京进了台风圈。

我和摄制组的人去看露天布景，刚拍过的街道布景，转瞬之间就被台风彻底毁掉了。

可能是戏已经拍完，看着被台风摧毁了的一切，我们不仅毫无惋惜之感，倒觉得挺痛快。

总之，《野良犬》的拍摄工作非常顺利，在预定完成日期之前结束了拍摄。

影片摄制工作的顺利，摄制组出色的团结合作，亲密无间的感情，这些都在作品的调子上充分表现了出来。

直到今天我还不能忘怀拍摄期间的一个星期六傍晚。

因为第二天休息，大轿车把摄制组全体成员一个个送到了家。

离家一周的人回去，自然是满车欢声笑语。

"辛苦！"

"辛苦了！"

每个人到了自家附近下车时都互道一声"辛苦"。

我住在多摩川附近的狛江，照例最后只剩下我自己。

空旷的大轿车里剩下我一个人的时候，我感到，回家的喜悦反倒不如离开摄制组同仁时感受到的寂寞强烈。

现在，拍摄《野良犬》那样令人愉快的工作已经成了往昔的梦幻。

说起来，正因为生产作品的过程是非常愉快的，才能创造出真正使观众享受乐趣的作品。

如果没有诚实的、竭尽全力的工作态度和自豪感贯穿于工作的各个方面，使作品十分充实，也就谈不上工作的乐趣。

而且，摄制组全体人员的心情一定会体现在作品中。

善

战后刚开始宣扬言论自由，紧跟着就出现了无节制的滥用。

某一杂志为了迎合读者的猎奇心，到处搜寻丑闻线索，然后夸大事实，恬不知耻地大写特写庸俗不堪的报道。

有一天，我在电车里看到这种杂志的广告，简直目瞪口呆。那上面用大字标题写着：是谁夺去了××的贞操？

乍看起来，这似乎在为××女士鸣不平，实际则是把××当作玩物恣意戏耍。还有，这种恬不知耻的广告词句说明，这些家伙早已算计好，××干的是靠人缘维持的职业，不敢得罪他们。足见这帮人用心恶毒。

我不认识那位女士，只知道她的名字和职业。但想到有人光天化日之下大写特写这类报道，再考虑到她的立场，我觉得仿佛自己受辱一样，难以沉默下去。

这样的事是不能允许的!

我认为,这不是言论自由,而是言论暴力。

我想,现在就得把这种倾向彻底消灭。如果再对这种言论暴力忍气吞声,而不勇敢地站出来与之战斗,那是不行的。

这就是《丑闻》这部影片的基本精神。

然而目前的现实情况如何呢?不仅我的杞人忧天已成现实,而且整个社会对此也早已屡见不鲜。总而言之,面对这种倾向,《丑闻》这部影片完全是螳臂当车,但我并不灰心。我满怀希望地期待着,有朝一日,毫不含糊地同那些流氓言论、禽兽言论、暴力言论坚决斗争的人物一定会出现。

我想再拍摄一部和这些魑魅魍魉做斗争的影片。

《丑闻》之力甚微,所以我要拍更强有力的《丑闻》。

回想起来,《丑闻》这部影片未免天真得过头。

在我写剧本的过程中,有一个次要人物比主人公更加生动活跃,内容大有被其牵着走的趋势。

这个人物就是蛭田这位寡廉鲜耻的律师。他主动要求在法庭上为同言论暴力进行正面斗争的主人公辩护,这就违反了我自己原来的意志。因为电影中的人物是有生命的,作者在有些地方是不自由的。也可以这样说,如果作者像操纵木偶那样完全自由地驱遣人物,作品也不会有任何魅力。

从蛭田这个人物出现开始，我这支写剧本的铅笔就像有生命一样活动起来，写出了连我自己都感到不舒服的蛭田其人的言行。

我写了不少剧本，然而这种感觉还是头一次。

我简直不考虑蛭田的境遇，信笔写了下去。这样，就必然把主人公抛在一边，把蛭田这个人推到前面来。我也感觉到这样不行，可是仍然无能为力。

那是《丑闻》这部作品上映半年左右的事。

我到涩谷去看电影，看完后乘井之头线电车往回走，在车上我几乎情不自禁地大声喊出来。

车到井之头线的神泉站的时候，我忽然想起来，我见过蛭田这个人物。

那是在火车刚通过的神泉站的道口附近，在一家名叫"驹形屋"的酒馆里，我曾和蛭田并肩而坐，一起喝酒。

我不禁茫然。连自己也感到奇怪，为什么一直没有想起这件事？

我的脑子究竟是干什么用的呢？那个蛭田一定是在我脑子的褶皱里藏了很久。那么，现在他又为什么突然从这个褶皱里跳了出来？

驹形屋这家酒馆，是我当副导演时常去的地方。那里有位名叫阿繁的漂亮姑娘，这姑娘很清楚我们荷包里有多少油水，所以赊账根本不成问题。

我总是带着那些副导演到那里去。

有一天，记不得为什么，我独自一人去了，按往常的老规矩，我一定会上二楼那尽管脏些但比较安静的小房间，可是那天我却坐在配膳台前自斟自饮。

这时，蛭田就坐在我身旁。

他已是五十来岁的人，醉得很厉害，没完没了地和我搭话。

阿繁的爸爸在配膳台干活，他怕那人跟我说起来没完没了惹我心烦，就想制止他，我摇了摇头表示没关系，边喝边听他讲下去。

他说的话和他的表情，使我感到他一定有什么痛心的事。他那絮絮叨叨的沉沉醉态，让人无法不生出同情之心。

当时我想，他这些絮絮叨叨的话，在这之前不知道已经讲过多少遍。因为他像念背熟的台词一样，口若悬河，滔滔不绝，显得十分轻薄。但内容悲切，反倒使我感到苦味甚浓。

他谈的是他女儿的事。

他翻来覆去地说，他女儿得了肺病卧床不起，他的女儿是个多么好的姑娘，等等。他夸起女儿来没完没了，甚至说她像天使，像星星。总之，尽管他的话听起来够肉麻的，却使我十分动容，不由虔诚地、认认真真地听他说下去。

他还拿自己和女儿做了比较，列举许许多多的事实，说明自己是个多么下流的家伙。这时,阿繁的爸爸似乎忍耐不住了,把一个带盖的玻璃碗推到他面前,沉着脸说:"好啦,适可而止,回去歇着吧。你女儿还等着你哪!"

那人立刻默不作声,目不转睛地看着那碗,身子一动也不动。

那碗里装的是发高烧的病人吃的东西。

他突然抓起那个碗,抱在怀里,匆匆而去。

"真拿他没办法,每天都来喝,可是一喝就谈那些老话。"

阿繁爸爸似乎在向我道歉,我却久久注视着那人走出去的店门。

我在想,他从这里出去,大概是回家了,那么,他会对卧病在床的女儿说些什么呢?

我想着他内心的痛苦,不由得也感到心情郁闷。

那天我喝了很多酒,但没有醉。这人跟我说的话是难忘的。然而后来我却把这件事忘了个一干二净。

但是当我写《丑闻》的时候,这件事却下意识地在头脑里重现,使我的笔以异乎寻常的速度疾书不已。

是我在驹形屋酒馆偶然邂逅的蛭田在写剧本。

写剧本的是他,不是我。

罗生门

这个门在我脑海中越来越大。

那是我为京都大映公司拍《罗生门》而前往京都时的事情。

大映公司的领导们虽然决定拍《罗生门》，但认为内容费解，片名也不吸引人，迟迟不做开拍的准备。

这期间，我每天步行察看京都、奈良许许多多的古门，渐渐感到，罗生门比我最初想象的大了许多。

最初，我以为像京都东寺的门那么大就可以了，后来决定让它像奈良的转害门那么大，最后决定要像仁和寺或东大寺的山门那么大。

我徒步察看并不完全是为了看那些古门，也是为了考察关于罗生门的文献或遗物。

罗生门即罗城门，观世信光写的能乐剧本中改用了这一名称。

罗城，即城的外城墙，罗城门即外城墙正门。

电影《罗生门》中的门，即平安京[①]外城墙的正门，一进这个门，就是一条笔直的京城大路，北端是朱雀门，东边有东寺，西边有西寺。

考虑到这一城市构造，作为外城墙正门的罗城门理应比城内东寺的门大。从残存的罗城门琉璃瓦的大小来看，很明显，当年的门是相当庞大的。

但是，尽管考察多次，罗城门的构造始终未能弄清。所以，电影《罗生门》的门是参考寺院的山门建造的，恐怕和原来的罗城门大相径庭。

此外，作为布景来说，因为它太庞大，如果把上部的城门楼做成实物般大小，柱子将支撑不住，所以就假定它业已年久失修，多有倾圮，门楼坍塌了一半，再故意缩小门楼的尺寸，才搭建起来。

从门洞望去，应该看到皇宫和朱雀门，但一来大映的露天布景场地没有那么宽阔，二来预算也不得了，所以只好在门对面造一座假山。尽管如此，这个露天布景也够大的。

我把这个计划送交大映公司时曾说过，布景只用罗生门的露天布景和纠察使署的墙，除此之外全部用外景拍摄，

---

① 京都的别称。

所以大映高高兴兴地接受了我的计划。

后来，川口松太郎先生（当时任大映董事）发牢骚说，上了黑泽老兄一个大当，说是一个露天布景，这倒没有错，可是搭那么大的露天布景还不如在摄影棚搭一百个布景省钱。但老实说，当初我也没有想到会把它搭建得那么大。

前面我已提到，我被叫到京都，左等右等，结果脑子里的罗生门越来越膨胀，最后搭建了那么大的一个大门。

拍《罗生门》的计划是我在松竹拍完了《丑闻》之后，大映提出能否再给他们拍一部电影时，经再三考虑之后才决定的。

拍什么呢？我左思右想，突然想起了一个剧本，就是据芥川龙之介的《竹林中》改编的戏。这个剧本是伊丹万作导演门下一个姓桥本的弟子写的。

剧本写得非常好，但把它拍成一部影片却未免太短了。

剧本作者桥本后来到我家拜访，谈了几个小时。我觉得此人很有见地，对他颇具好感。

这个桥本就是后来和我一起写《生之欲》《七武士》等剧本的桥本忍。当时我想起了他根据芥川原作改编的剧本《雌雄》。

差不多是下意识的，我想那个剧本就那么白白扔掉未免可惜，能否用它拍个什么。这种想法可能在我大脑的某处存在着。现在，它突然从某个褶皱处爬了出来，大声喊叫：

拍个什么吧!

我还立刻想起,《竹林中》已经有三个故事了,如果再创造一个新故事,就正好达到影片所需的长度。

同时我还想起芥川龙之介的小说《罗生门》,它和《竹林中》一样,讲的也是平安时代的故事。

电影《罗生门》就这样慢慢在我头脑中孕育成形。

当时我正被一种焦躁感所困扰,我认为电影已经进入有声时代,无声电影的优点以及它独特的电影美学早已被人们弃之不顾了。所以我想,有必要回到无声影片的时代,探索一下电影的原点。特别是应该从法国先锋派的电影精神中重新学到什么。

当时还没有电影资料馆,我只好搜集先锋派电影文献,回忆从前看过的影片的结构,借以咀嚼其独特的电影美学。

《罗生门》是实践我的想法和意图的绝妙素材。

芥川的《竹林中》描写了人心的奇怪曲折与复杂阴影,它以锋利的解剖刀剖开人性最深奥最隐秘的部分,并把它公之于众。我想以这部小说的景色作为《罗生门》的象征性背景,以错综复杂的光与影来表现在这个背景中蠕动的人们奇妙的心理活动。

因为电影表现的是人彷徨于心灵的竹丛之中,人的行动半径很大,所以就把电影的舞台移到了大森林里。

这个森林,我选的是奈良深山的原生林,以及京都近郊光明寺的森林。

出场人物只有八个，故事内容固然复杂而深奥，但剧本结构尽可能直截了当，概不拖沓，力求简短精练。所以，拍成电影时，应该能够拍出很好的影像呈现。

而且，摄影师是无论如何都要同我合作一次的宫川一夫，早坂作曲，松山任美工。至于演员，有三船敏郎、森雅之、京町子、志村乔、千秋实、上田吉二郎、加东大介、本间文子，这些人都是知心朋友，阵容堪称无可挑剔。

故事发生在夏天，实拍也在夏季，因而选定了京都和奈良两地。

各种条件无一或缺，可以说万事俱备。

只待我下定决心开拍了。

开拍前，有一天，大映给我安排的三位副导演到旅馆来见我。我不知来意，一问才知道，他们还是看不懂这个剧本究竟想说明什么问题，特意前来请我说明一下。

我说，好好地读一读就能懂。我认为我写得很明白，希望你们再仔细地读一读。我这么说了，可他们还是不走。他们说："我们已确确实实下功夫读了，还是不懂，所以才来拜访您。"再三要求我给他们解释一下剧本。

我做了简单的解释。

我说："人对于自己的事不会实话实说，谈自己的事的时候，不可能不加虚饰。这个剧本描写的就是不加虚饰就活不下去的人的本性。甚至可以这样说：人就算死了也不会放弃虚饰，可见人的罪孽如何之深。这是一幅描绘人与生俱来的罪孽和人难以更改的本性、展示人的利己心的奇妙画卷。诸位说仍然不懂这个剧本，因为它描写的人心是最不可理解的。如果把焦点集中在人心的不可理解这一点上来读，那么，我认为这个剧本就容易理解了。"

听了我这番解释，三位副导演中有两人理解了，他们表示，会重新读一下剧本，就告辞了。剩下那位副导演似乎仍无法理解，面带愠色地回去了。

后来我和这位副导演无法相处，只好请他另谋高就，这一点，现在想来颇为遗憾。

除这件事之外，这次的工作尚称顺利。在正式拍摄之前进行排练时，京町子的热心令人无话可说。她常常拿着剧本向我请教："先生，请教我一下。"不论早晚一直如此热心，不能不使我惊讶。

别的演员也兴致勃勃、精神百倍地做好自己的工作，个个都能吃能喝，吃喝起来简直吓人。

他们发明了"山贼烤肉"，而且常常吃。这种山贼烤肉就是把牛肉蘸上油来烤，热奶油里加上咖喱粉当佐料，烤熟的牛肉蘸着这种佐料吃。吃的时候一只手拿着洋葱，时不时地啃一口，那吃相野蛮之至。

先从奈良的外景开拍。奈良的原生林里山蚂蟥极多，有时从树上往人身上掉，有时从地面往人身上爬，一上了人身就吸血。只要一吸住就绝不离开,紧紧地钻进人的肉里，好不容易把它拽出来，血又很难止住。

我们在旅馆的门厅处放一只盐桶，出外景时都要往脖子和手臂上抹盐，袜子里也撒上盐，然后才出发。蚂蟥和蛐蜒一样，就是怕盐。

那时，奈良的原生林里有很多巨大的杉树和桧柏，蛇一样的藤从这棵树缠到那棵树，完全是一派深山幽谷的景色。

我每天早晨都在森林里散步，顺便为拍摄选择地点。

忽然，眼前跑过一个黑影。

原来是一只野生的鹿。

忽然，树枝掉了下来，但并没有风。

仰头一望，原来大树上猴子成群。

拍外景时住的旅馆在若草山下。有一次，一只巨大的猴子坐在旅馆的屋顶上，目不转睛地看着我们大家热热闹闹地吃晚饭。

还有，月亮从若草山升起，月光中鹿的身影看得真真切切。

我们晚饭后常常登上若草山，在月光中拉成一个圆圈跳舞。

总之，拍这部《罗生门》时我还年轻，比我更年轻的演员就更加精力充沛,所以工作态度奔放之极。

外景从奈良的深山转移到京都的光明寺,时序已到祇园祭①,天气闷热。有人因中暑倒下了,但是我们的劲头丝毫不减。

到了下午,大家一滴水也不喝,顽强奋战,工作结束后在回旅馆的半路上,到四条河原町的啤酒馆里,每人喝它四大杯生啤。

但晚饭就没酒了,大家吃完饭就解散,晚上十点再集合,然后慢慢地喝威士忌。

第二天,又是猛干一场,累得汗流浃背。

如果遇上太阳光线不理想,我们就把树伐倒,连个招呼也不打。寺里的和尚开头看到我们伐树还很生气,可是后来理解了我们的工作,还主动指挥我们伐树。

光明寺的外景拍完那天,我到和尚那里去辞行,当时,和尚不胜感慨地对我说:"老实说,开头我认为你们砍寺院的树就等于砍我们的面子,所以大为吃惊。可没多久,我被你们这种认认真真的工作精神吸引住了。看到你们尽可能让观众看到好作品,并把它作为坚定的信念,忘我地工作,我深受感动。我以前还不知道,原来电影是这样努力的结晶。"

和尚说完,将一把折扇放在我的面前,留给我做纪念,

---

① 日本三大地方节日之一,于每年7月1日至31日举行。

折扇上写着"益众生"三个字。

我一时说不出话来。

应该是我从和尚这里得到很大教益,深受感动的应该是我!

光明寺的外景工作和罗生门的露天布景工作日程是平行安排的,晴天就在光明寺拍,阴天就拍下雨天的罗生门。

露天布景的罗生门是个庞然大物,所以拍下雨的场面也大费周折,除了借消防车外,公司的消防设备也全都用上了。

仰拍罗生门上空时,天是阴沉的,下的雨自然看不见。为了拍出效果,我们就在水里掺上墨汁,制造了墨汁雨。

一连几天温度都超过三十度,但是巨大的罗生门的门洞形成穿堂风,一下大雨,那风就使人冷得发抖。

怎样才能在影片里显出罗生门的确硕大无朋呢?这是我反复琢磨的一个课题。为此,到奈良拍外景的时候,我以大佛殿的巨大建筑物为对象进行了各方面的研究,这项研究起了重要作用。

这部作品的另一个重要问题是森林中的光与影是整个作品的基调,怎样抓住制造光与影的太阳就成了关键。

我打算用正面拍摄太阳的办法来解决这个问题。

摄影机对着太阳拍,现在算不了什么稀奇,然而在当时,这还是一项电影摄影的禁忌。那时甚至有人认为,太阳光通过镜头聚焦于胶片,有烧坏胶片的危险。

然而摄影师宫川勇敢地挑战这一禁忌,拍出了极为出色的影像。

开头一场戏里,摄影机展示了森林中光与影的世界,以及人心走向迷途的过程,画面十分出色。

后来在威尼斯电影节上,这个镜头被称为"摄影机初进森林"。我认为它的确是宫川的杰作,同时也称得上世界单色片摄影的杰作。

可是不知道为什么,我居然忘记了称赞他的成就。

我觉得确实出色的时候,本来打算马上就告诉宫川的,但直到有一天,宫川的老朋友志村乔先生对我说"宫川还曾非常担心这么拍不行呢",我才想起谈这件事,连忙说:"百分,摄影一百分!应该说超过百分!"

关于《罗生门》的回忆是谈不完的。

索性最后写一写印象最深刻的一件事,就此搁笔吧。

这是关于电影配乐的事。

我写剧本写到女主人公的情节时,耳朵里仿佛已经听到《波莱罗舞曲》的旋律。于是我跟早坂说,希望给这场戏配上《波莱罗舞曲》。

早坂给这场戏配乐的时候坐在我旁边,他说:"好,放音乐了。"

他的表情和态度表现出不安与期待,我也怀着同样的心情，颇感紧张。

银幕上出现了这个场景，《波莱罗舞曲》的旋律平静地开始了。

随着剧情的发展，乐曲渐趋高潮，但是影像与音乐南辕北辙，怎么也合不拢。

我想，糟透了。

我头脑中计算的影像与音乐的乘法算错了，真是惭愧。

就在这时，乐曲更加高昂，歌声快要开始的时候，忽然之间与影像完全吻合，开始出现异常的气氛。

我记得当时背上冷汗直流，非常动容，不由得看了看早坂。早坂也看了看我。

《罗生门》就这样完成了。

这期间，大映两次失火，为了拍罗生门大雨动用的消防车简直就像举行消防演习一般，发挥了极大的作用，使灾害止于最小限度。

我完成《罗生门》之后，就给松竹公司拍了据陀思妥耶夫斯基原作改编的《白痴》。

这部《白痴》败得很惨。

我和松竹的领导发生了冲突，好像反映了他们对我的反感一样，所有的评论全是谩骂和诽谤。

大映本来打算请我再给他们拍一部片子，这样一来，他们立刻提出取消前议。

我在大映的调布制片厂听到这冷酷的通告，心境黯然地走出制片厂大门，没有心思坐车，强忍愤慨踽踽独行，一直走回位于狛江的家。

我意识到，暂时难免受到冷遇，为此焦急已经毫无用处了，于是就去多摩川钓鱼。

到了多摩川，刚一扬竿，鱼钩就被什么东西挂住，鱼线一下子就断了。

我根本没有带备用的鱼线和鱼钩，没有办法，只得收竿。我心想，倒霉的时候只会出这样的事，边想边往家走去。

我心情忧郁，四肢无力。一开门老婆就跑了出来，说："恭喜！"

我听了，不由得心头火起。"什么？"

"《罗生门》得大奖啦！"

她是说，《罗生门》在威尼斯电影节上得了大奖。

我想，这回总不至于遭到冷遇了。

神佛睁眼，又眷顾了我。

我连《罗生门》参加了威尼斯电影节这件事都不知道。

这完全是意大利电影人斯特拉米焦利女士看过《罗生门》，理解了此片，从而给予关照的结果，对于日本电影界来说，这纯粹是个突然冲击。

《罗生门》后来又获得美国奥斯卡金像奖，但是日本的评论家们却说，这两个奖不过是评奖者出于对东洋异国情调好奇的结果。

我百思不得其解。

本民族人为什么对于本民族的存在毫无自信呢？为什么对异域的东西那么尊重，对于自己的东西就那么轻视呢？

喜多川歌麿、葛饰北斋、东洲斋写乐是因为西洋人推崇备至，才反过来受到日本尊重，像这样毫无见识，究竟是什么原因呢？

只能说，这是可悲的国民性。

此外，《罗生门》还使我们看到了人性可悲的另一面。

那是《罗生门》在电视上放映时发生的事。

当时，电视台播映这部作品时，同时播映了采访这部作品出品公司经理的录像。我听了这位经理的谈话，不禁哑然。

当初要拍摄这部作品时，他是那样百般刁难，看了样片之后，他是那样大发脾气，他说不懂影片要说明什么问题，甚至把赞成和主持拍摄这部影片的董事和制片人都降了职。可是电视台记者采访他时，他竟然觍着脸说，一切都是由于他的推动，这部作品才得以拍成。他甚至还说，电影这种东西，过去都是背着太阳拍，这是常识范围之内的事，然而这部作品是他第一次让摄制组对着太阳拍摄。把别人的成就记在自己的功劳簿上，自始至终也没提我和摄影师宫川的名字。

我看着电视采访，心想，这才是真正的《罗生门》！

当时我直感觉，《罗生门》里描写的人性中可悲的一个侧面，就这么出现在眼前。

人是很难如实地谈论自己的。

人总是本能地美化自己——这一点，我有了更深刻的体会。然而我却不能耻笑这位经理。

我写的这个类似自传的东西，是不是真的老老实实写了自己呢？

是不是同样没有触及丑陋的部分，把自己或多或少地美化了呢？

在写《罗生门》这一节的过程中，我不能不对此有所反省。

所以，我不能继续写下去了。

出乎意料，《罗生门》成了我这个电影人走向世界的大门，可是写自传的我却不能穿过这个门继续再前进了。

不过，我觉得这样也好。

从《罗生门》以后的作品人物中，去认识《罗生门》以后的我，我认为这样最自然，也最合适。

人不会老老实实地说自己是怎样一个人，常常是假托别人才能老老实实地谈自己。

因为，再没有什么能比作品更好地说明作者了。

黑泽明导演作品

姿三四郎（1943年，东宝）
剧本 黑泽明
摄影 三村明
音乐 铃木静一
演员 大河内传次郎　藤田进　月形龙之介

最美（1944年，东宝）
剧本 黑泽明
摄影 小原让治
音乐 清田茂
演员 志村乔　矢口阳子　入江隆子

姿三四郎续（1945年，东宝）
剧本 黑泽明
摄影 伊藤武夫
音乐 铃木静一

演员 大河内传次郎 藤田进 轰夕起子

胆大包天的人们（1945年，东宝）

剧本 黑泽明

摄影 伊藤武夫

音乐 服部正

演员 大河内传次郎 藤田进 榎本健一

我对青春无悔（1946年，东宝）

剧本 久板荣二郎

摄影 中井朝一

音乐 服部正

演员 原节子 藤田进 大河内传次郎

美好星期天（1947年，东宝）

剧本 植草圭之助

摄影 中井朝一

音乐 服部正

演员 沼崎勋 中北千枝子 渡边笃

泥醉天使（1948年，东宝）

剧本 植草圭之助 黑泽明

摄影 伊藤武夫

音乐 早坂文雄

演员 志村乔 三船敏郎 山本礼三郎

静夜之决斗（1949年，大映）

剧本 黑泽明 谷口千吉

摄影 相坂操一

音乐 伊福部昭

演员 三船敏郎　三条美纪　志村乔

野良犬（1949年，新东宝）

剧本 黑泽明　菊岛隆三

摄影 中井朝一

音乐 早坂文雄

演员 三船敏郎　志村乔　木村功

丑闻（1950年，松竹）

剧本 黑泽明　菊岛隆三

摄影 生方敏夫

音乐 早坂文雄

演员 三船敏郎　山口淑子　志村乔

罗生门（1950年，大映）

剧本 黑泽明　桥本忍

摄影 宫川一夫

音乐 早坂文雄

演员 三船敏郎　京町子　志村乔

白痴（1951年，松竹）

剧本 久板荣二郎　黑泽明

摄影 生方敏夫

音乐 早坂文雄

演员 原节子　森雅之　三船敏郎

生之欲（1952年，东宝）

剧本　黑泽明　桥本忍　小国英雄

摄影　中井朝一

音乐　早坂文雄

演员　志村乔　千秋实　小田切美喜

七武士（1954年，东宝）

剧本　黑泽明　桥本忍　小国英雄

摄影　中井朝一

音乐　早坂文雄

演员　三船敏郎　志村乔　藤原釜足

活人的记录（1955年，东宝）

剧本　桥本忍　小国英雄　黑泽明

摄影　中井朝一

音乐　早坂文雄　佐藤胜

演员　三船敏郎　千秋实　青山京子

蜘蛛巢城（1957年，东宝）

剧本　小国英雄　桥本忍　菊岛隆三　黑泽明

摄影　中井朝一

音乐　佐藤胜

演员　三船敏郎　山田五十铃

低下层（1957年，东宝）

剧本　小国英雄　黑泽明

摄影　山崎市雄

音乐　佐藤胜

演员　三船敏郎　山田五十铃　香川京子

战国英豪（1958年，东宝）

剧本　菊岛隆三　小国英雄　桥本忍　黑泽明

摄影　山崎市雄

音乐　佐藤胜

演员　三船敏郎　千秋实

恶汉甜梦（1960年，东宝、黑泽制片公司）

剧本　小国英雄　久板荣二郎　黑泽明　菊岛隆三　桥本忍

摄影　逢泽让

音乐　佐藤胜

演员　三船敏郎　森雅之

用心棒（1961年，东宝、黑泽制片公司）

剧本　菊岛隆三　黑泽明

摄影　宫川一夫

音乐　佐藤胜

演员　三船敏郎　仲代达矢　山田五十铃

椿三十郎（1962年，东宝、黑泽制片公司）

剧本　菊岛隆三　小国英雄　黑泽明

摄影　小泉福造　斋藤孝雄

音乐　佐藤胜

演员　三船敏郎　仲代达矢　加山雄三

天国与地狱（1963年，东宝、黑泽制片公司）

剧本　小国英雄　菊岛隆三　久板荣二郎　黑泽明
摄影　中井朝一　斋藤孝雄
音乐　佐藤胜
演员　三船敏郎　仲代达矢

红胡子（1965年，东宝、黑泽制片公司）
剧本　井手雅人　小国英雄　菊岛隆三　黑泽明
摄影　中井朝一　斋藤孝雄
音乐　佐藤胜
演员　三船敏郎　加山雄三

电车狂（1970年，四骑会、东宝）
剧本　黑泽明　小国英雄　桥本忍
摄影　斋藤孝雄　福泽康道
音乐　武满彻
演员　头师佳孝　伴淳三郎　菅井琴

德尔苏·乌扎拉（1975年，莫斯科电影制片厂）
剧本　黑泽明　尤里·纳吉宾　伊莉娜·利波瓦　原卓也
摄影　中井朝一　尤里·甘特曼　费奥多尔·多布龙拉沃夫
音乐　伊萨克·施瓦茨
演员　马克西姆·门祖克

影武者（1980年，东宝、黑泽制片公司）
剧本　黑泽明　井手雅人
摄影　斋藤孝雄　上田正治
音乐　池边晋一郎

演员 仲代达矢　山崎努　萩原健一

乱（1985年，Herald Ace）
剧本 黑泽明　小国英雄　井手雅人
摄影 斋藤孝雄　上田正治
音乐 武满彻
演员 仲代达矢　根津甚八　原田美枝子

梦（1990年，黑泽制片公司）
剧本 黑泽明
摄影 斋藤孝雄　上田正治
音乐 池边晋一郎
演员 寺尾聪　倍赏美津子　马丁·斯科西斯

八月狂想曲（1991年，黑泽制片公司、FFE）
剧本 黑泽明
摄影 斋藤孝雄　上田正治
音乐 池边晋一郎
演员 村濑幸子　井川比佐志　理查·基尔

袅袅夕阳情（1993年，大映、电通、黑泽制片公司）
剧本 黑泽明
摄影 斋藤孝雄　上田正治
音乐 池边晋一郎
演员 松村达雄　香川京子　井川比佐志

图书在版编目（CIP）数据

蛤蟆的油 /（日）黑泽明著；李正伦译. -- 4 版. -- 海口：南海出版公司，2025. 1. -- ISBN 978-7-5735-0973-4

Ⅰ．K833.135.78

中国国家版本馆CIP数据核字第2024KJ4955号

著作权合同登记号　字：30-2014-100

GAMA NO ABURA: JIDEN NO YONA MONO
by Akira Kurosawa
© 1984,1998 by Kurosawa Productions
Originally published in 1984 by Iwanami Shoten, Publishers, Tokyo.
This simplified Chinese edition published in 2025
by ThinKingdom Media Group, Ltd., Beijing
by arrangement with Iwanami Shoten, Publishers, Tokyo

蛤蟆的油

〔日〕黑泽明 著
李正伦 译

出　　版	南海出版公司　（0898）66568511
	海口市海秀中路51号星华大厦五楼　邮编 570206
发　　行	新经典发行有限公司
	电话(010)68423599　邮箱 editor@readinglife.com
经　　销	新华书店
责任编辑	倪莎莎
特邀编辑	张一帆　蒋屿歌　陈梓莹
营销编辑	林雨桐　刘治禹
装帧设计	李照祥
内文制作	王春雪
印　　刷	北京盛通印刷股份有限公司
开　　本	787毫米×1092毫米　1/32
印　　张	11
字　　数	194千
版　　次	2006年11月第1版　2025年1月第4版
印　　次	2025年1月第1次印刷
书　　号	ISBN 978-7-5735-0973-4
定　　价	59.00元

版权所有，侵权必究
如有印装质量问题，请发邮件至 zhiliang@readinglife.com